学/者/文/库/系/列

以获得感赋能大学生思想政治教育的路径探析

张雅琪　张文馨　编　著

哈爾濱工程大學出版社
Harbin Engineering University Press

内容简介

本书基于作者的科研项目研究成果，深入阐述了通过思想引领和坚定理想信念，引导学生笃行实践，培养大学生继承红色精神、弘扬劳动精神与志愿服务精神。本书从辅导员工作案例、课程教授、大学生“三下乡”社会实践活动及就业指导等方面，探讨了在大学生思想政治教育中，如何解决供需矛盾、满足学生多样化和个性化的需求，推进供给侧改革；针对大学生在思想、生活、学习和发展中的困惑与需求，强调以用心、用情、用力来解决实际问题，全面提升师生的获得感。

本书内容系统，重点突出，阅读性强。可作为思想政治教育相关领域人员及高校师生的参考资料和阅读材料。

图书在版编目(CIP)数据

以获得感赋能大学生思想政治教育的路径探析 / 张雅琪，张文馨编著. -- 哈尔滨 ：哈尔滨工程大学出版社，2024. 7. -- ISBN 978-7-5661-4475-1

Ⅰ. G641

中国国家版本馆 CIP 数据核字第 2024T404A2 号

以获得感赋能大学生思想政治教育的路径探析
YI HUODEGAN FUNENG DAXUESHENG SIXIANG ZHENGZHI JIAOYU DE LUJING TANXI

选题策划 刘凯元
责任编辑 刘梦瑶
封面设计 李海波

出版发行 哈尔滨工程大学出版社
社　　址 哈尔滨市南岗区南通大街 145 号
邮政编码 150001
发行电话 0451-82519328
传　　真 0451-82519699
经　　销 新华书店
印　　刷 哈尔滨午阳印刷有限公司
开　　本 787 mm×1 092 mm　1/16
印　　张 11. 5
字　　数 200 千字
版　　次 2024 年 7 月第 1 版
印　　次 2024 年 7 月第 1 次印刷
书　　号 ISBN 978-7-5661-4475-1
定　　价 60. 00 元
http://www. hrbeupress. com
E-mail:heupress@ hrbeu. edu. cn

前　言

切实增强高校大学生对思想政治教育的获得感，是“让人民群众有更多的获得感”这一理念的具体化，从而更好地实现高校思想政治教育的提质增效。大学生亲身参与实践研究，能够切实体验感悟思想政治教育的获得感。在“大思政课”中锻炼学生的实践性和参与性，可以提高他们的认知能力和思辨能力。

首先，学而知，方能获得大学生思想政治教育之真知。在对大学生进行思想政治教育时，“知”可引导学生进行细致的观察和思考，有助于其深刻理解和把握事物的真实面貌，了解更加广阔的世界。以知识的获得感赋能大学生思想政治教育，在搭建教育教学平台和建设创新课程资源方面发挥重要作用。其为大学生提供了广泛的知识，使他们在探索知识领域时，真正学懂弄通，明确自身的专业价值，不断获得成就感。青年人的精气神是在书本中涵养的，博览群书方能满腹经纶，知晓道理。学会本领，便不会恐慌，不会缺乏安全感，内心才会丰盈，才能学到真知。

其次，学而信，方能悟得大学生思想政治教育之真谛。心有所信，方能远行。在思想政治教育过程中，学生只有学到理论的真知，才能有理论上的认同，才能坚定理想信念。唯真方能为人所信，只有全面学习和深刻领悟，才能体会真理的力量。在这一过程中，教师起着至关重要的作用。师者，传道授业解惑也。教师应引导学生缜密思考，培养他们明辨是非的能力。在不断的思想洗礼中，学生能夯实基础，坚定信念，明确作为新时代青年的责任和使命担当，真正悟出人生真谛。

最后，学而行，方能炼得大学生思想政治教育之真才。要学以致用，真信笃行。“笃行”为最后阶段，“笃”有踏踏实实、一心一意、坚持不懈之意。思想政治教育是需要久久为功、慎终如始、潜移默化、深远持久地教育学生，要为学生搭建社会实践的平台，只有参与志愿服务，深入田间地头，走进工厂车间，才能真正地体会身临其境的感受。遇事冷静，解决困难，不断攀登，真正在实践中感悟作为学生能创造出价值的成就感，这便是思想政治教育的意义所在。通过实践培养学生成长，悟出事情发展规律、明确人生发展方向、学会解决问题的方法、增长智慧才干，才能不断为强国建设、民族复兴添砖加瓦。

为推进大学生思想政治教育的获得感实现有所成效，牡丹江师范学院生命科学与技术学院的张雅琪和经济与管理学院的张文馨两位老师共同撰写了本书。其中，张雅琪老师撰写10万字，张文馨老师撰写10万字。

本书研究成果已获批2023年度黑龙江省省属高等学校基本科研业务费科研项目成果。

本书汇集了学生工作的青春记载和所获荣誉，衷心感谢学院领导、老师及学生的大力支持。作者会在今后学生工作总结中继续凝心聚力、攻坚克难、久久为功、慎终如始。

由于作者水平有限，书中难免存在错误之处，恳请广大读者批评指正。

作　者

2024年4月

目　　录

第一章　学而知，方能获得大学生思想政治教育之真知

在对大学生进行思想政治教育时，“知”可引导学生进行细致的观察和思考，有助于其深刻理解和把握事物的真实面貌，了解更加广阔的世界。以知识的获得感赋能大学生思想政治教育，在搭建教育教学平台和建设创新课程资源方面发挥重要作用。其为大学生提供了广泛的知识，使他们在探索知识领域时，真正学懂弄通，明确自身的专业价值，不断获得成就感。青年人的精气神是在书本中涵养的，博览群书方能满腹经纶，知晓道理。学会本领，便不会恐慌，不会缺乏安全感，内心才会丰盈，才能学到真知。

第一节　大学生获得感的理论依据

一、红色文化提升高校思想政治教育质量路径研究——以牡丹江为例

牡丹江作为重要的革命老区和最早解放的城市之一，拥有不可移动红色革命文物 81 处，其丰富的红色文化资源能够为高校思想政治教育提供众多的内容源泉，是实现高校“立德树人”目标的有效途径。通过对牡丹江红色文化融入高校思想政治教育现状和红色文化在高校思想政治教育运用中的必要性与价值分析发现，提升高校思想政治教育质量的方法可以从挖掘地方红色文化资源，建立特色体系；营造红色校园氛围，加强红色文化宣传；依托网络平台，创新课堂教育教学方式；数字化赋能，打造红色品牌等多方面着手。

红色文化作为中华民族历史长河传承下来的重要文化资源，具有浓厚的历史底蕴，承载着丰厚且优质的教育资源，是当代高校思想政治教育工作开展的“活”

教材。

本书以牡丹江红色文化融入高校思想政治教育现状和高校思想政治教育融合红色文化资源的必要性及现实价值为背景，研究红色文化提升高校思想政治教育质量的方法，以及提高高校思想政治教育的实效性与针对性，从而推动红色文化资源的保护和传承，进而提升高校思想政治教育育人能力。

（一）红色文化的特征

红色文化同西方马克思主义不同，是马克思主义基本原理与中国具体实际情况相结合的精神结晶。首先，政治性是其最明显的特征。红色文化从诞生那一刻就受马克思主义思想指导，是一种特殊的政治文化形态，具有明显的无产阶级属性和革命属性。其次，红色文化具有科学性。红色文化的形成与发展始终接受辩证唯物主义和历史唯物主义的检验，并且结合地域文化不断创新完善，形成了各具特色的文化形态。比如，牡丹江红色文化资源丰富，拥有抗联密营、东北老航校、“八女投江”殉难地、杨子荣烈士牺牲地和马骏、张闻天故居等不可移动红色革命文物81处。而且，红色文化还具有人民性，这是其本质属性和价值追求。人民是红色文化的缔造者，红色文化提供的资源又服务于人民。

（二）红色文化在高校思想政治教育中运用的必要性与价值

在新时代背景下，中共中央、国务院发布了《关于进一步加强和改进大学生思想政治教育的意见》等文件，督促高校提高和改进大学生思想政治教育质量。高校在培养高素质综合型人才和培养学生社会责任感等方面扮演着重要角色，尤其是高校思想政治教育工作，最重要的内容就是帮助青年学生自觉树立文化自信，加强理性认知，提升文化认同感。红色文化作为中国特色社会主义文化的重要组成部分，具有浓厚的历史底蕴和宝贵的现实价值。将红色文化资源融入高校思想政治教育工作各个环节不仅有利于传承和保护红色文化，而且对培养青年学生爱国主义情感和提升高校思想政治教育质量具有重要作用。

1. 实现高校“立德树人”的目标

高校思想政治教育一直秉持立德树人这一重要原则，为社会主义现代化强国建设和中国特色社会主义伟大事业的发展培养了一批又一批又红又专的高素质综合型人才。红色文化资源中凝聚的强大精神动力，正是高校培养德才兼备全面发展的社会主义建设者和接班人所必需的精神养料。高校要准确把握立德树人与红色文化之间的关系，深入挖掘红色文化资源，立足实际，在校园文化的熏陶下培养学生民族气节，筑牢理想信念，帮助学生树立正确的价值观。

2. 丰富高校思想政治教育资源

高校思想政治教育的教学资源大多来自课本，由思想政治理论课提供成体系的理论知识，课堂教学通常采用教材和学校提供的课程资源等。可见，课程教学存在方式单一、脱离实际等问题，而红色文化资源所承载的革命遗址、革命文物和非物质形式的精神能够弥补目前教育教学资源匮乏的缺点，给学生提供更多的学习资源，从而激发课堂活力。"雪城"牡丹江是一座"英雄之城"，也是一座"红色之城"，革命活动家马骏曾在这里传播马克思主义思想，传播红色火种；东北抗日英雄赵一曼、无产阶级革命家张闻天、东北抗联将领周保中将军等曾在这里奋战；"八女英烈"和"特级侦察英雄"杨子荣的事迹从这里名扬全国。2010 年，全国革命遗址遗迹普查，牡丹江市共计 237 处，其中国家级保护文物单位 4 个，省级文物保护单位 7 个，位居黑龙江省第一名。这些遗迹遗址都是牡丹江红色文化的立体展现，它们承载着党领导牡丹江人民在革命斗争中的辉煌与艰辛，可以为高校思想政治理论课提供"第二课堂"实践场所。

3. 推动红色文化的传承和保护

红色文化记录了中国共产党的成长与发展，其中蕴含的革命精神，是中华民族历久弥新的宝贵财富，对于加强社会精神文明建设起到重要作用，是不可舍弃的革命成果。在高校，将红色文化融入思想政治教育不仅能够为高校教育教学提供鲜活的"红色教材"，还能够推动红色文化的传承和创新。教育重要的使命之一就是传承文化，传授知识、传承文化是大学生与生俱来的责任。高校思想政治教育各个环节都能起到传承和保护红色资源的作用，首先，思想政治理论课可以通过课堂直接展示和传播红色文化理论与红色精神；其次，校园中存在的红色展板、浮雕、建筑等物质形式的红色文化，以及与红色文化相关的舞台剧、情景剧、宣传片、征文比赛都能让红色文化在浓厚的红色校园氛围中传承。因此，使用创新方法推动红色文化在高校思想政治教育中的运用，既可以丰富高校思想政治教育的教育教学内容，也可以在帮助大学生提高红色文化认同的同时，更好地传承红色资源、保护红色文化、赓续红色基因。

4. 增强高校思想政治教育实效性

历史是最好的教科书，也是最好的清醒剂。红色文化是鲜活的、有时代特色的、与时俱进和不断丰富完善的宝贵资源。红色文化成为高校思想政治教育的助推器的原因有两点:一是红色文化为高校思想政治教育培养时代新人提供思想引导,展示了过去革命英雄们的真实写照和优良作风,其中蕴含的崇高理想和政治信念是大学生汲取智慧和增强信念的重要源泉。二是红色文化对高校思想政治教育培养时代新人、厚植爱国主义情怀具有重要的现实意义。推动红色文化进校园、进教材、进课堂,可以引领大学生在多元文化碰撞中自觉抵御历史虚无主义和西方错误思想思潮等。因此,高校应承担好立德树人的重要任务,依托红色资源,打造"课堂教学+线下实践"教学模式,充分利用革命历史遗迹、革命纪念馆等场所,开展丰富的社会实践活动,深入线下了解和考察红色文化资源,以便让红色成为高校思想政治教育的鲜亮底色,增强高校思想政治教育的实效性。

(三)牡丹江红色文化在高校思想政治教育中的现状分析

为了更好地了解当前红色文化融入高校思想政治教育的现状,以及有针对性地提出红色文化提升高校思想政治教育质量的方法,下面以牡丹江地方红色文化为例进行分析。

课题组在牡丹江某高校部分学生中发放了"关于牡丹江红色文化融入高校大学生思想政治教育调查问卷",本次问卷共发放450份,共收回438份,其中有效问卷410份。

1. 红色文化价值认同感一致

由调查数据可得,对于"红色文化或地方红色文化"内涵,有41.16%的学生表示知道,51.71%的学生表示知道一些,5.37%的学生听过,完全不知道的学生仅占1.76%。可见,大家对红色文化的内涵虽然普遍认知度不算高,但是都有所了解。问卷问及"您认为红色文化资源对于增强大学生爱国主义教育是否有价值?"时,71.71%的学生认为非常有价值,25.37%的学生认为比较有价值,仅有2.92%的学生认为价值不大,没有人觉得没有价值。由这一问题可以看出,大家对于红色文化所带来的价值认可度很高。绝大多数在校生在回答牡丹江红色文化遗址问题时,有40.98%的学生表示了解。调查显示,目前在校大学生认为高校融入红色文化资源、学习红色文化精神、传承红色文化知识具有重要意义。

2. 校园红色文化氛围程度有待提高

根据数据显示,大部分学生表示会通过学校举办的红色文化讲座、红色文化或红色文化资源相关的网课,学校组织的参观红色文化景点、遗址、纪念馆活动,学校官网、官博等方式了解红色文化。问卷问及"您觉得所在学校红色校园文化氛围是否浓厚?”时,43.9%的学生认为非常浓厚,37.56%的学生认为比较浓厚,15.61%的学生认为一般,还有2.93%的学生认为不浓厚。关于回答“学校是否开展过牡丹江红色文化进校园系列文艺活动”问题时,有50%的学生选择了“是”,38.29%选择了“否”,11.71%选择了“不了解”。可见,该高校对牡丹江当地的红色文化重视程度还不够高,校园红色氛围还不够浓厚。

3. 学生挖掘红色文化资源自觉性不高

问卷问及“是否愿意去学校组织的红色文化活动”时,50.24%的学生表示很愿意去,45.85%的学生表示愿意去,2.44%的学生表示不愿意去,1.47%的学生表示无所谓。由此可见,学生对于参与学校组织的红色文化活动积极性不高。问卷问及“一般出于什么原因参加红色文化学习活动”时,因有学分或学时等奖励的学生占53.17%,出于个人兴趣爱好的学生占65.37%,因课堂教学和思想政治教育需要的学生占61.95%,党课培训需要的占32.68%,受身边人影响的学生占29.27%。从数据分析来看,高校学生选择参加红色文化活动往往会受学分奖励或被迫培训等因素影响;高校学生挖掘红色文化资源自觉性比较低,同辈群体带动能力比较差。

4. 红色文化与高校思想政治教育融合方式生硬

根据数据显示,大部分学生认为在红色文化融入高校思想政治教育过程中,思政课教师、专业课教师、辅导员、校院领导、学工教务人员和行政人员等都需要发挥作用。但当问卷问及“认为高校将红色文化融入大学生思想政治教育存在哪些问题”时,40.49%的学生认为教学内容枯燥,趣味性和政治性融合不够好,46.34%的学生认为教学过程单项灌输,学生参与积极性、主动性和创造性不高,47.8%的学生认为偏重理论教学,忽视实践教学,还有部分学生觉得专业的师资队伍不够完善、新媒体应用不足、传播途径创新不足等问题。由此可见,红色文化在与高校思想政治教育融合的过程中存在着融合方式生硬、接受度不高的问题。对此,部分学生提出了红色文化提升高校思想政治教育质量的有效途径:挖掘红色文化教育资源,创新思想政治教育理论课的教学方式、提升教师能力、优化思想政治课教学内容、完善红色文化教师队伍建设、营造红色文化氛围、加强校园文化建设、充分利用互联网、加强红色文化教育的网络平台建设、增强红色文化实践教学、提升红色文化教育覆盖面等。

(四)红色文化提升高校思想政治教育质量路径

1. 文化觉醒:挖掘红色资源,建设红色文化资源库

红色文化资源表现为物质形式资源和非物质形式资源。不管是革命遗址还是红色精神,高校都需要找到合适的方式利用好红色文化来提升高校思想政治教育的质量,这样才能最大限度地发挥红色文化育人功能。首先,高校应该立足本地实际,深入挖掘红色文化资源,逐渐衍生拓展,扩大资源挖掘范围。就牡丹江地区的高校而言,可以整合牡丹江本地的革命文化,探索其中蕴含的思想政治教育育人资源。例如,参观牡丹江八女投江纪念馆、杨子荣烈士陵园、海林市(七里地)党史馆、革命家马俊纪念馆等场所挖掘东北抗联精神,依托实践平台,为高校思想政治教育育人工作的开展提供精神动力和源泉。其次,在整合资源的基础上,建设红色文化资源库。高校在开展红色文化相关研学活动的同时与基地达成互通关系,与纪念馆、研究所共建资源平台和红色文化资源库。在资源库中归纳整理本地红色文化,建立红色文化课程资源,形成红色文化育人案例,定期更新,不断拓展。高校和基地共享红色文化,共同开展红色文化育人工作,提高高校思想政治教育实效性。

2. 环境浸染:加强文化宣传,营造红色氛围

高校思想政治教育具有隐蔽性和渗透性的特点,所以高校在传播红色文化时要筑牢校园主阵地,注重情感熏陶。可以利用校园环境开展红色文化教育,让大学生在潜移默化中感受文化氛围,厚植爱国主义情怀。例如,牡丹江的高校可以大力开展牡丹江红色文化进校园系列活动,结合学校自身办学特点设计牡丹江红色文化长廊,张贴东北抗联精神内涵和赵一曼、马骏、杨子荣等抗日英雄相关海报、红色标语、漫画等,使学生在校园环境中耳濡目染,汲取红色文化的宝贵内涵。同时还可以鼓励学校各部门依托学校和红色基地平台组织开展讲好红色故事摄影宣传比赛。也可以选择校园文化活动为切入点,在建党节、建军节、抗战胜利日、国庆节等重大节日,组织开展主题教育活动,引导学生自觉参与系列活动。这类活动的开展应该借助当代大学生喜闻乐见的方式,比如短视频制作、短视频拍摄、外出研学、红色文创制作、红色歌曲唱作等,传承红色经典,发挥高校思想政治教育的隐性教育作用,让宣扬红色文化在大学生群体中蔚然成风。

3. 课堂延伸:创新课堂教学,立足思政育人

红色文化进校园最主要的渠道便是思想政治课。思想政治课教师是将红色文

化转化成教学资源的重要桥梁，但如何将红色文化有效融入课堂是提升高校思想政治教育质量的关键所在。首先，思想政治课教师理论知识水平和课堂教学效果成正比，面对红色文化教学时，思想政治课教师要主动挖掘、剖析红色资源，增加知识储备。在此基础上，思想政治课教师还需要在日常生活中时刻关注革命英雄的事迹，将其同课本的红色文化元素有机结合，形成特色红色教育资源和读本，结合学生特点讲好思想政治课。其次，高校思想政治教育要以学生为中心，创新课堂红色文化资源展现形式，灵活运用信息化技术。比如，充分利用国家红色资源教育库、慕课、智慧树等平台，激发课堂活力；开发线上红色文化网课，组建“互联网+红色思维”课堂模式，掌握网络思想政治教育话语权；利用 AI、VR、微信公众号、小程序推送红色文化活动或者布置实践作业，拓展师生交流方式，激发学生主动性。

4. 品牌打造：组建优质团队，打造红色品牌

红色文化想要在高校“筑牢堡垒”，提升理论说服能力，展现红色文化育人育心的能力，就必须有一支先进的组织合力推进。首先，高校要建立长效育人队伍和机制。高校党委需高度重视这一点，可以由马克思主义学院总牵头，学校各部门成员相互配合，建立一支由思政教师、专业教师、党务工作者、基层辅导员构成的队伍。团队成员需不断深入挖掘本地红色文化资源，以数字化赋能高校思想政治教育方式，对大学生开展爱国主义教育、社会主义核心价值观教育、理想信念教育等。其次，高校要以红色文化教育为抓手、红色文旅为途径、红色基地为载体，打造具有地方特色的红色育人品牌。

第二节　大学生获得感的实践推力

青年时期正是理想信念形成的关键时期，将“坚持真理、坚守理想”融入大学生思想政治教育，有利于培养大学生的求真精神。求真是一种觉悟、一种境界、一种品德、一种精神，也是分析问题和解决问题的有力武器。高校辅导员，应该坚持立德树人根本任务，将教育与引领青年思想、塑造青年精神、服务青年成长、动员青年行动紧密结合起来，在学习中认真思考工作中的难点，深入探究破解难题的有效办法，用理论学习的成果来提升工作质量。

红色文化历久弥新，是中华民族的瑰宝。红色文化有效地进入高校，不仅可以推动红色文化资源焕发生机，更是高校践行“三全育人”的重要养料和提高思想政

治教育质量的重要精神动力和源泉。在日常工作中，我们要深入挖掘红色文化基因，弘扬优秀传统文化，推动社会主义核心价值观落地生根。将红色文化融入理论学习、主题班会、党团课、校内外实践活动等，可帮助学生筑牢思想根基，坚定理想信念，从新时代思想中汲取时代精华。

一、建设“大课堂”，突出主渠道建设

（一）“爱国主义教育”主题班会教育活动

为引导同学们坚定理想信念、筑牢初心使命，将爱国之情转化为强国之志、报国之行，激发学生爱国情感，××学院积极响应青年教育，以迎国庆系列活动为契机，组织开展“爱国主义教育”主题班会教育活动。班会围绕《新时代爱国主义实施纲要》展开讨论，并进行爱国主义宣讲，且以提问的方式，让同学们对爱国主义有更加深刻的理解。同学们以此为话题分享自己的感悟，吐露心中的悠悠家国情，将爱国心、报国情娓娓道来，展现了浓浓的爱国情怀。最后同学们齐唱歌曲《我和我的祖国》，用自己嘹亮的歌声和昂扬的激情，歌唱对祖国的热爱。本次活动有利于加强学生的爱国主义教育，号召并鼓励学生团结携手、共同奋进，将爱国之情、报国之志融入国家发展、时代进步的浪潮之中，凝聚起推动中华民族发展进步的磅礴力量。

（二）“知规守纪，载梦而行”校规校纪主题教育活动

为了帮助学生进一步了解学校各项规章制度，增强学生遵守校规、校纪的思想意识，加强学风院风建设，提高精神觉悟，加强个人责任意识，××学院组织开展以“知规守纪，载梦而行”为主题的专题教育活动。在各班团支书的带领下，此次主题活动以小故事为主，生动而全面地向大家讲述了遵守校规校纪，培养良好习惯的重要意义。通过朗读《高等学校学生行为准则》等形式，让同学们增长了知识，加深了对行为准则的认识。同学们纷纷表示在今后的学习生活中将自觉遵守学校纪律，更好地做到自我管理、自我学习、自我调控。同学们在教育活动结束之后做了心得分享：

作为一名大学生，我们需要遵守行为规范，培养文明意识，做到诚信自律。首先，我们要遵守校内规章制度，诸如宿舍安全、饮食卫生、学术规范等方面。其次，我们要遵守公共场合行为规范。大学校园是一个相对开放的场所，我们要尊重公共场所的规则和其他人的利益。我们还要注意自己的言谈举止。言谈举止是每个人自我修养的体现。最后，我认为每个大学生应该树立正确的人生观和消费观。不断学习、积累经验，努力增强独立自主及自理能力等。我们要注重日常开支的管理，积累财富，从而为买房、买车、创业等打下基础。总之，大学生要做到文明行为，需要从自身做起，注重自身的行为规范和修养。只有培养了良好的心态，具备了较高的素质和能力，才能成为对社会有贡献的人，才能获得个人更高的成就。

——2021 级思政一班　刘洪雪

学习《高等学校学生行为准则》后，我明白了作为新时代大学生的我们，首先要敢于担当、勇于奋斗、认知前景，努力做新时代具有责任意识和创新精神的建设者，不懈地努力，不断地追求，不畏艰难地奋斗，要用心思考，用功钻研，珍惜时间，抓住机会，充分利用资源，提升自身能力。其次，要尊重国旗、国徽，升国旗、奏唱国歌时要肃立、脱帽、行注目礼，不参与任何有损国家尊严和利益的活动，自觉树立社会主义荣辱观，诚实守信，具有强烈的社会责任感，敢于同不良风气、违法的行为做斗争。最后，我们要明白，诚实守信才是能让我们成为一个真正成功的人的关键品质，我们要遵守社会公德，对待师长要以礼相待，对待同学要团结友爱，做一名高水平、高素质的大学生。

——2021 级思政二班　张宝洁

《高等学校学生行为准则》是高校制定的一套行为规范，目的是引导学生健康成长、促进学术进步和提高社会责任感。在学习《高等学校学生行为准则》后，我懂得了，我们应树立自我管理意识，自觉遵守校规校纪，积极参与学习和科研活动，不断提高自身学术水平，追求全面发展。在学习方面我们应保持诚实守信的品行，不做弄虚作假、抄袭剽窃等不诚信行为，积极维护学术道德和学术诚信，发扬实事求是的科研作风。其次，我们应注重个人修养，注重人际关系的和谐，尊重师长，友爱同学，礼貌待人，树立良好的社会形象。校园是我们学习与生活的地方，我们应爱惜公共财物，保护学校设施设备，维护学习、生活环境的整洁。最后，《高等学校学生行为准则》是我们成长过程中不可或缺的一部分，只有认真践行这些准则，才能帮助我们成为有道德、有文化、有纪律的公民，从而为社会的发展做出贡献。

——2022级思政一班　徐子喻

此次教育活动的成功开展，使同学们明晰了大学生的基本要求、奋斗方向，同时也增强了同学们遵守校规校纪的自觉性。此次教育活动提醒同学们在今后的大学生活中，一定要严格规范自己的行为，树立纪律意识、制度意识，将校纪校规内化为自身的追求，外化为自觉行动，争做“有理想、敢担当、能吃苦、肯奋斗”的新时代好青年。

（三）“爱校荣校”主题班会教育活动

爱校铭记于心，荣校实践于行。为了增强同学们爱校荣校意识，引导同学们思考文明行为及认识遵守校规校纪的必要性，营造良好的学习和生活氛围，为同学们自身的成长成才奠定坚实的基础，学校组织开展“爱校荣校”主题班会教育活动。各班班长首先对学院的基本信息、发展阶段进行讲解，让同学们了解了学校的历史背景，体会到学校的文化底蕴。最后，同学们通过朗读等方式加深了对于校训、校歌的记忆。各班班长于活动结束前给予了同学们不忘初心、砥砺前行的劝勉，为同学们接下来的学习生活打气，增强了同学们对学校的归属感、认同感和自豪感。本次活动不但加强了同学们爱校荣校的情感，而且也提高了同学们的综合素质和文明修养，同学们在感受学校丰厚的历史底蕴及文化内涵的同时也会更加以学校为荣。此次活动呼吁学生始终秉承“崇德尚学，厚积薄发”的精神，不断增强个人素质，营造良好的学习氛围，努力拼搏，为学校发展贡献自己的力量。

二、建好“阶梯队”，加强队伍建设

用心立德树人，则立德树人有道；用情春风化雨，则春风化雨无声。辅导员作为开展大学生思想政治教育、实现立德树人根本任务的骨干力量，要准确把握思想政治工作规律，遵循学生成长规律。要围绕学生，静下心来认真思考；关照学生，俯下身去多察实情；服务学生，沉下力去多办实事。因事而化，不断细化工作内容；因时而进，不断优化工作方法；因势而新，不断更新工作理念。严慈相济，时时严管厚爱学生；冷暖相宜，刻刻关心关爱学生；教学相长，处处做到为人师表。让思想政治教育入耳入脑入心，真正做到“立德树人有道，春风化雨无声”。因此，作为高校的教育教学工作者应该从日常学生工作、红色文化活动、党团日活动抓起，做好学生的理想信念教育。

(一)在日常工作中培养学生的综合能力

为提高同学们的教师技能水平，激发教师更新教育教学理念和掌握现代教学方法的热情，学校组织学生开展和参与师范技能讲课大赛、师范生三笔字大赛及师范生职业规划大赛，鼓励同学们积极参与师生技能训练，引导学生在比赛过程中有意识提高自身的师范素养，在竞争中进步，在磨砺中成长，在完善专业素质的道路上上下求索、砥砺前行，以高度的自律和刻苦的训练保持高水平的从师状态，培养正确的从师习惯，努力讲好思想政治课，努力实现教师梦。大学英语也是大学生必备的课程，为了把学生培养成国家所需要的复合型人才，学校设置四六级打卡活动，用奖品激励学生主动学习英语，养成常学习的好习惯。除此之外，教育实习也是师范生人才培养的必要环节，更是实践教学的中心，不仅能促进学生理论与实践的有机统一、在实践中不断检验自己的从师技能素养，还能不断培养学生的奉献精神、团队精神、责任意识、职业认同感与良好的就业心态，为做好未来的人生规划及顺利进入工作岗位奠定基础。所以，组织学生规范性、系统性地参与教育实习，让学生提前感受身份与角色的转变，体验到与大学生活完全不同的风景，这既是对从师技能培养效果的检验，也是对理论知识积累程度的考量。

理论知识的学习是在校大学生的“职责”，但是除学习以外的文体实践活动和与身心有关的校园活动也是十分重要的。作为高校辅导员，要主动关注学生身心发展状况，培育学生德智体美劳多方面的综合发展。首先，高度重视学生的思想动态和心理健康状况，对有心理问题的学生做好帮扶工作，鼓励同学们积极参与心理微电影大赛，形成人人互相关注的良好氛围。其次，组织学生积极参与课外实践活动，比如篮球比赛、校园舞蹈大赛、军训训练、大合唱等，在活动中强身健体、团结同学，既关注自身发展又可以提高集体责任感。

为培养学生劳动精神，锻炼劳动能力，提升学生团结协作能力，学校组织学生参与校园扫雪活动、打扫毕业生寝室及校外志愿者活动等。系列劳动教育活动的开展不但培养了学生们不怕困难、不怕吃苦的品质，而且帮助同学们树立了正确的劳动意识，加强了劳动观念，形成了互帮互助、团结一致的精神，也可以帮助大家在未来面对种种挑战时，必将团结一致，以更加昂扬向上、锐意进取的奋斗姿态，点亮青春底色，传递新时代青年的奋斗担当。

树立榜样，以榜样活动和榜样力量促进学生积极学习和健康成长，在学习中找到适合自己的学习方式，总结经验和教训。首先，开展四六级英语经验分享会和打卡活动，从打卡活动中养成主动学习的良好习惯，从榜样经验中掌握英语学习方法，提升个人英语素养。其次，开展考研经验分享会和就业分享会，为就业方向提供经验指导和鼓励，为新入学的学生指明就业选择，树立正确的就业观念。同时，围绕“就业育人”系列品牌，落实好毕业生就业工作，及时为毕业生更新就业招聘信息，组织参加专场招聘会。

大学生是高校思政工作和团学工作的主体，大学生团学干部作为主体中的领头羊更要以身作则，要善于学习、勤于思考，打牢思想行动根基。因此，高校辅导员需引导团学干部做好团学工作，发挥带头作用，做有温度的领头群体。首先，在组建学生干部群体时，选择有热情且能力出众的学生作为代表，带领班级和团学会成长。其次，定期开展学生干部培训会、经验分享会及学生干部例会，让团学会工作有条不紊开展，让学生干部在日常工作与学习中总结经验和交流心得。同时，辅导员应善于听取学生的意见和建议，加深与团学会成员之间的联系，携手建设学生工作。最后，顺利开展换届大会，交接完最后一班岗。带领学生回顾团学会经历，总结经验，关注学生的综合发展状况。

（二）用红色文化铸魂育人

整合优质红色资源合力上好“大思政课”。组织学生参与“强国复兴有我”红色基因传承教育活动，并以此为契机带领学生充分了解牡丹江优质红色资源，进一步传承红色基因、赓续精神血脉、创新思想政治教育、加强党性锻炼。组织开展“书香满园，耕读经典”主题红色书籍推荐活动，活动过程中大家共同学习《林海雪原》《青春之歌》等，畅所欲言，共同体验那段红色革命文化带给我们的历史冲击感，感受革命先辈们的艰辛。开展“传承红色基因，书写华彩青春”演讲比赛活动，同学们在演讲比赛过程中围绕抗联精神展开一系列探讨，进一步深化对东北抗联精神基本内涵和现实意义的理解与学习，提升作为新时代青年的使命感和社会责任感，厚植爱国情怀。

组织学生开展以“探寻红色文化，传承革命精神”为主题的大学生思想政治教育环境研学活动，在老师们的带领下，同学们分别参观了横道河子机车库、中东铁路博物馆及海林第一党支部，让同学们在一幢幢俄式建筑中体会到丰富的革命精神和厚重的历史，见证了特殊历史阶段中国共产党领导东北地区人民群众英勇抗争、艰苦奋斗的光辉历程。随后，同学们又游览了油画村、攀登佛手山。浓厚的生活气息、七里地的田园风光，让同学们在旅途中深刻感悟到东北地区人民在实践中创造的精神力量。最后，同学们进行了朗诵和红色歌曲合唱。此次活动呼吁同学们要坚持实践第一、以史为鉴，努力成长为堪当民族复兴重任的时代新人。通过本次活动，学生们更加深入地了解了横道河子镇的历史和文化脉络，增强了爱国主义感召力。相信新时代下的同学们可以充分发挥主观能动性，把握历史新方位，顺应时代新特征，从历史中汲取前进的力量，以精神伟力提升行动自觉。

（三）用团日活动锤炼精神

围绕"感受时代变迁，弘扬改革精神"主题月开展团日活动。伟大的事业需要伟大的精神，伟大的精神托举伟大的梦想。为坚定同学们自身理想信念，让同学们深刻感受时代变迁，大力弘扬以改革创新为核心的时代精神，坚定走中国特色社会主义道路，培育发展同学们的创新精神，各个团小组展开了特色团日活动。同学们一同观看了《日记见证新中国时代变迁》的视频片段，通过朗读 1949 年 10 月 1 日至 2019 年 10 月 1 日几篇优秀中国共产党员的日记，见证了中华人民共和国成立以来的发展变化、历史成就和时代变迁。大家围绕改革开放展开学习，从真理标准问题大讨论、改革开放的序幕、安徽凤阳小岗村到粤港澳大湾区，改革只有进行时，没有完成时。进入新时代，唯有大胆试、大胆闯、全力拼、踏实干，迸发出改革开放精神的无穷力量，才能闯关夺隘、劈波斩浪，推动改革开放事业浩荡前行。有同学表示："我们作为新时代青年，要拥有开阔的胸襟去面对未来的一切，'长风破浪会有时，直挂云帆济沧海。'我们要具备面对困难时百折不挠的精神，积极参与建设祖国的大业之中。"改革开放四十多年，在中国共产党的领导下，中国人民凭着逢山开路、遇水架桥的闯劲与滴水穿石的韧劲，成功走出一条中国特色社会主义道路。在中国特色社会主义新时代背景下，广大学生团员应在解放思想中统一思想，在观念革新中凝聚力量，坚定被实践检验过的道路、理论、制度、文化自信；秉承中华民族勤劳、勇敢的美好品质，传颂当代中国发展进步的故事，弘扬新时代改革精神。

围绕"传承红色基因，弘扬抗联精神"主题月开展团日活动。此次活动以线上集中学习的形式展开，会议伊始由团支书对东北抗日联军（简称东北抗联）进行相关介绍。首先，带领同学们了解东北抗联的形成、前身和发展历程。其次对抗联英雄代表人物杨靖宇和赵尚志的英雄事迹进行简单介绍。最后介绍了东北抗联精神的基本内涵，呼吁同学们要学习东北抗联精神包含的忠贞报国、勇赴国难的爱国主义精神，勇敢顽强、前仆后继的英勇战斗精神，坚贞不屈、勇于献身的不怕牺牲精神，不畏艰险、百折不挠的艰苦奋斗精神，休戚与共、团结御侮的国际主义精神。

围绕“弘扬法治精神，形成法治风尚”主题月展开团日活动。首先介绍全面建设社会主义法治中国的主要内容，引导团员弘扬法治精神，营造法治氛围。其次介绍社会主义法治精神的重要内容。我国法治建设经验表明，既要加强制度建设，为新时代中国特色社会主义奠定制度基础，也要推动法治精神建设，让法治成为当代中国的一种信仰。本次团日活动的开展，有利于同学们认识到个人的权利受宪法保护，行使权利的同时必须履行宪法和法律规定的义务，坚持权利和义务相统一的原则。希望通过此次主题团日活动，同学们能够认真学习，用心感受，在宪法的普照下自由快乐成长。

围绕“网络安全为民，网络安全靠民”主题月开展团日活动。本次团日活动主要分为四个部分，首先，通过观看 2022 年国家网络安全宣传周微视频，使同学们了解网络安全的相对概念、广义解释、狭义解释。其次，列举了网络安全存在的安全隐患及常见的攻击形式。再次，通过分析现实生活中的真实案例提醒大家不要被利益所诱惑，避免上当受骗。最后，让大家明确如何安全上网，帮助同学们养成良好的上网习惯。通过开展此次主题团日活动，同学们对网络安全有了新的认识，增强了自身的网络安全意识与基本防护技能。

第二章　学而信，方能悟得大学生思想政治教育之真谛

心有所信，方能远行。在思想政治教育过程中，学生只有学到理论的真知，才能有理论上的认同，才能坚定理想信念。唯真方能为人所信，只有全面学习和深刻领悟，才能体会真理的力量。在这一过程中，教师起着至关重要的作用。师者，传道授业解惑也。教师应引导学生缜密思考，培养他们明辨是非的能力。在不断的思想洗礼中，学生能夯实基础，坚定信念，明确作为新时代青年的责任和使命担当，真正悟出人生真谛。

第一节　弘扬劳动精神　磨砺青春本色

新时代大学生应把握劳动精神的重要内涵和生成逻辑。在“汲取、淬炼、筑基、铸魂”的培育过程中，以艰苦奋斗、开创未来的底气，坚守信念、建功立业的勇气，甘于奉献，实干拼搏的骨气，追求卓越，铸就辉煌的志气，踔厉奋发、勇毅前行，弘扬劳动精神，推进劳动精神与大学生思想政治教育融合发展，让新时代大学生增强实干，才能让劳动精神焕发时代新机。

一、劳动精神的重要内涵

劳动是合乎目的的活动，是阐明生产力和生产关系辩证关系的重要内容。当今涌现许多劳动热词，如从各行各业扎实工作的广大劳动人民努力实现“双向奔赴”，到为人们带来自由和便捷的“新质生产力”等。

一直以来，广大劳动人民在各条阵线上兢兢业业、勤于创造、勇于奋斗，他们用奋斗拼搏的干劲和劳动托起中国梦、劳动美。正是因为各行各业劳动者长期坚守、拼搏奉献、共克时艰，我国才有今天的佳绩。劳动者们在用心、用情、用力诠释着伟

大的劳动精神。

(一)在崇尚劳动中艰苦奋斗、开创未来

中华民族是崇尚劳动、勇于奋斗的民族。千百年来,劳动人民用自己的汗水和双手绘制了宏伟蓝图,用实干、苦干缔造了波澜壮阔的中华文明。从尊重自然规律的日出而作、日落而息,到自给自足、丰衣足食,再到新时代全面建成小康社会、打赢脱贫攻坚战,迎来新时代的伟大征程,正是中华民族的劳动精神,凝聚了劳动人民对于劳动的崇尚与尊重,创造了中华文明的宝库,我国才拥有了今天举世瞩目的成就。

无论何时,我们都要发挥广大工人阶级和劳动人民自力更生、丰衣足食的主力军作用。崇尚劳动是想“干”事,在这个呼唤劳动创造、鼓励拼搏的时代,驰而不息地焕发劳动者的风采,勇担新的使命,唯有艰苦奋斗、执着前进、崇尚劳动,不忘来时路,走好“赶考路”,坚持奋斗,踔厉奋发,才能绘就新时代新征程华丽卷章。

(二)在热爱劳动中坚守信念、建功立业

伟大出自平凡,平凡造就伟大。在广袤大地上耕作、在钢筋水泥间奋战、在大街小巷中奔忙的一个个平凡身影因劳动而闪光,因奋斗而伟岸。

热爱劳动,便是一份真挚的热忱,用热爱和勤奋让自己成为更高素质的劳动者,将工作的热爱凝聚在对每一份工作的奋力拼搏中。心怀民生,如退而不休,坚守乡间,守护烈士忠魂,讲好红色故事的77岁的义务讲解员、护陵员程兴国;为了留住乡村振兴中的文化与乡愁,通过口述实录的方式,最大限度地记录历史,用百姓话说百姓事的平民史官姜云路;坚持将人民群众的问题清单作为任务清单,数民控、解民忧、惠民生,暖民心,用“辛苦指数”换取群众“幸福指数”的社区干部李飞。

因为热爱所以坚持,从此遇见热爱与坚持,便倾心付出。不同的劳动场景中塑造的平凡岗位中的劳动形象弘扬的是劳动精神,展现的是劳动之美。热爱劳动,需要坚定信念,锚定奋斗目标,我们要赞美平凡岗位上不平凡的创造,向每一位努力拼搏、建功立业的劳动人民致敬。

(三)在辛勤劳动中甘于奉献,实干拼搏

“民生在勤,勤则不匮。”这句话阐述了人民的幸福美好在于辛勤劳动,勤奋便不会饥寒交迫、缺衣少食。幸福不会从天而降,靠的是苦干实干,奋斗生生不息,创

新攻坚克难。正是这样永葆奋斗本色的朝气、锐意进取的勇气，才能构建充满活力的社会和美好富足的生活。

社会主义是干出来的，新时代是奋斗出来的。人民群众的喜乐安康，离不开公安干警坚守责任担当、守望人民安全。医务工作者勇担职责使命，保障人民健康。乘务人员坚守一线阵地，站好乘客归心似箭最后一班岗。环卫工人、外卖员等这些忙碌的身影，都是城市里的一道道亮丽风景线，他们以劳动奏强音、促发展、赢光荣。新时代，广大劳动者要立足本岗位，坚守阵地，发挥实干苦干、拼搏奋斗、甘于奉献的劳动精神，才能创造美好幸福生活。

（四）在诚实劳动中追求卓越，铸就辉煌

人无信而不立。自古代便有君子一言，驷马难追及一字千金的典故，诚实守信是中华民族的优良传统。新时代，诚实是成事基础。只有诚实守信，诚信劳动，才能打破生活中的困境。

荣获江苏“最美诚信之星”称号的劳保用品经营店店主黄金凤，待人以诚、守之以信，大义为先、共克时艰，擦亮“金字招牌”。王金凤在店铺的经营管理中，“不发不义之财，不从客户身上薅羊毛”，用一言一行践行承诺，坚持客户在先，以承诺、守诺、践诺的实际行动，树立诚信品牌。黄金凤身上所体现的恪守承诺、善待客宾、履行社会责任，是劳动人民诚信经营、诚信劳动的生动展现。

只有通过诚实劳动，勤勉工作，才能创造出“中国奇迹”，奏响“中国震撼”的交响，展现干一行、爱一行、钻一行的精神。我们要从伟大的劳动人民身上汲取无穷魅力、坚韧毅力、磅礴伟力，完成新时代赋予我们的使命。

二、劳动精神的生成逻辑

劳动精神意境深远，是广大劳动人民深耕不辍、久久为功，在奋斗的战线上勤勤恳恳付出，胼手胝足创造所凝结的跨越时空、历久弥新的精神状态、精神风貌和精神品质。诚然，强大精神动力是在特定的时间、空间及条件下形成的，因此在长期实践和发展中并且在特定的逻辑下，才能集中展示劳动意识、劳动理念、劳动态度、劳动习惯。

（一）文化底蕴：植根于中华优秀传统文化的赓续传承

文化是新时代踔厉奋发、创造美好生活的精神动力。中华文明起源于农耕文明。中华民族是善于创造、辛勤劳动的民族。从古至今，劳动精神始终融于中华民族的血脉之中。

自古以来，中华民族的杰出人物一直都在总结思考自然规律，并运用自然规律引导民众进行生产劳动和劳动生活。从田耕农作到工业崛起，再到实现中国梦，从杂交水稻的“禾下乘凉梦，覆盖全球梦”，到新时代全面建成小康社会、打赢脱贫攻坚战，实施乡村振兴发展战略；再到“可上九天揽月，可下五洋捉鳖”的中国航天事业的繁荣发展，华夏大地一直在书写着由劳动创造的辉煌篇章。“神舟”“北斗”“嫦娥”“玉兔”“天问”“天宫”“鹊桥”“鸿雁”这些名字充满了中国式浪漫，又巧妙地契合了航天器的特点。可见，这些劳动创造成果，无不凝结着劳动人民智慧的汗水，彰显出劳动人民的高尚品格。劳动人民用劳动精神歌唱着一首感天动地、气壮山河的新时代赞歌。新时代大学生劳动精神的培育，需要让大学生在凝聚着劳动精神的中华优秀传统文化中探寻劳动文化根脉，真切地感受劳动文化中延绵不断的劳动精神力量。

（二）实践基础：筑基于广大劳动者建设的实践进程

伟大实践创造伟大精神，伟大精神成就伟大实践。劳动精神源于中国共产党人的精神谱系，广大劳动者投身于革命、建设、改革的时代洪流中。劳动人民心中满怀梦想，手头聚力干劲儿，脚踏实地有方向，在社会生产、志愿服务、科技创新领域无坚不摧，无往不胜，用汗水浇灌出一个欣欣向荣、曙光照耀的中国。中国共产党自成立以来就号召劳动阶级，带领劳动人民开创伟大事业。一百多年来，中国共产党踔厉奋发，笃行不怠，带领广大人民群众辛勤劳动，坚持不懈地努力奋斗。新民主主义革命胜利后，为了使广大劳动人民彻底斩断剥削者的统治，真正地实现人民当家做主，人们提出了新民主主义的三大经济纲领。社会主义革命改天换地，开创基业，取得了伟大成就。改革开放和社会主义现代化建设一路创新探索，逢山开道、遇水架桥，取得了伟大历史性成就。新时代的盛世景象、繁华所至，正如我们所愿。中国共产党领导人民脚踏实地、稳扎稳打地实践，发扬艰苦奋斗精神、劳动精神，用敢闯敢干的冲劲儿、艰苦创业的干劲儿、冲锋陷阵的闯劲儿，取得了一系列中国化时代化马克思主义的光辉成果，正是劳动精神有力地指导了我们党在不同历史时期的伟大实践,引领推进伟大社会革命的壮丽凯歌。新时代大学生更应该深刻地体会到,在革命、建设、改革、复兴事业过程中,正是中国共产党带领中国人民百年来的英勇无畏、艰苦奋斗,筑建了坚实的基础,彰显了劳动价值,弘扬了劳动精神。

(三)理论指引:奠基于马克思主义的思想精髓

马克思主义经典作家的劳动学说是其理论指南,马克思主义创始人马克思和恩格斯一生都在为无产阶级劳苦大众奋斗,揭示了资本家剥削劳动者的秘密,阐释了劳动对于人类自身及其社会发展的决定性意义。劳动者不断地在社会实践中创造精神财富和物质基础,才有了社会的不断发展和进步。从“金秋最美丰收时,稻花香里说丰年”中悠久的农耕文化,到勤劳勇敢、精准扶贫的脱贫攻坚精神,再到勇于攀登、开拓创新的浪漫航天精神无不凸显出劳动的价值,无不体现着劳动精神的指引作用。

因此,大学生要以劳动精神所蕴藏的无穷力量激发斗志,珍视平凡的劳动,坚守岗位,发扬中华民族勤劳美德,弘扬劳动精神,树立正确的劳动价值取向,形成良好劳动风貌,提升大学生现代化技能水平和劳动创新实践能力,形成勠力同心、拼搏奋斗的社会新风尚。

(四)时代体认:答好新时代现实的重要时代命题

新时代劳动精神是对中华民族战天斗地、勤劳美德的传承与发扬。习近平总书记指出:“要引导学生扣好人生第一粒扣子。”新时代大学生普遍思想态度积极端正,但易受到一些不良风气的冲击和影响。如国内外拜金主义、不劳而获观念、懒惰之风冲击主流意识形态,使他们产生了一系列的思想性问题,如劳动态度不积极,劳动意识不主动,劳动目的存在功利化,劳动价值存在物质化,不尊重劳动成果的情况时有发生。在大学生活中一些大学生存在享乐主义,平时思想总比行动快,总想投机取巧、不劳而获,不愿意主动付出劳动而获取知识和力量,总想着坐享其成、搭顺风车、走顺水人情,这种思想是极其不负责任、不成熟的。在平时学习生活中,一些大学生不尊重别人的劳动成果,如破坏校园基础设施、扰乱课堂秩序、乱扔纸屑垃圾、浪费食物等低素质的行为,严重破坏了大学生文明学习的氛围。导致这一问题的主要原因是家庭、学校、社会的教育问题。

因此,新时代大学生要涵养务实劳动精神,积极参加劳动实践,走出一条赓续传统、凯歌奋起的报国之路。

三、劳动精神融入大学生思想政治教育的价值意蕴

办好人民满意的教育，全面贯彻党的教育方针，落实立德树人根本任务，为高校教育发展指明了前进的方向。将劳动精神全方位、多层次地融入大学生思想政治教育，可以更好地促进思想政治教育的展开和学生综合素质的提升。同样，大学生思想政治教育也是弘扬劳动精神的有效途径，可推动劳动精神深入大学生内心落地生根，并且具有丰富的价值意蕴。

（一）科学指南：培养社会主义合格建设者和可靠接班人

在马克思看来，“人是劳动的动物”，劳动是人所特有的“感性对象性活动”，劳动是人之生命的存在基础和意义源泉，劳动创造人，劳动形塑人，劳动注释人。劳动精神融入大学生思想政治教育为培育时代新人提供了科学的路径，能够为大学生塑造人格、塑造灵魂，踏踏实实提升自我提供筑牢坚实的价值底座。

大学生需要在劳动精神的培育过程中培养社会责任感，通过社会实践系列活动，如开辟第二课堂，带领学生走进行走的思政课堂，了解坚守在一线的劳动模范，从岗位中沉淀打磨，将敢于抗事的思想深深扎根到劳动精神中获取养分，塑造担当时代使命的责任感。

大学生需要在劳动精神的培育中厚植爱国情怀，引领大学生走进红色革命基地，如东北抗联小镇、八女投江、烈士陵园、东北老航校、党史纪念馆等红色资源，真切地感受英杰楷模的舍生取义、无畏牺牲，心怀国家民族的深厚情怀。大学生需在劳动精神的培育中锻造高尚的道德情操，通过主题讲座、理论宣讲等活动，把时代楷模、全国道德模范等人物事迹生动形象地再现出来，引导大学生走进生产车间、农场等一线进行社会实践，通过这种思想的洗礼和实践的锻造，让劳动精神入脑、入心。

要想使劳动精神成为新时代青年追求卓越、提升优良品德的优质精神力量，就要“典”燃大学生劳动激情，将劳动精神传承下去，薪火相传、延绵赓续，用劳动教育这个有力抓手提升大学生的内在价值观和理性思维。

（二）关键举措：培育和践行社会主义核心价值观

社会主义核心价值观是对于人的思想洗礼，灵魂建设，使人在发展进步过程中形成正确的人生观、世界观、价值观，这样才能培育可担民族复兴大任的时代新人。对大学生而言，思想政治教育无疑是他们接受劳动精神洗礼的重要途径。劳动精神作为中国共产党的精神谱系的重要内容，更需要大力弘扬、大力宣传。劳动精神应成为每一位大学生青春的底色，使他们在劳动精神的培育中汲取精神营养，深切体会劳动光荣、创造伟大的道理，这样才能将全社会的意志和力量凝集在一起，弘扬新风尚、传播正能量，助力中国梦。

要面向各族群众加强党的理论和路线方针政策教育，加强党史、新中国史、改革开放史、社会主义发展史、中华民族发展史宣传教育，用共同理想信念凝心铸魂，深入培育和践行社会主义核心价值观。

大学生在昂扬向上、积极奋进的价值取向中，才能形成对于劳动的深刻内涵和伟大意蕴的深刻感知，形成积极向上的劳动观念和态度，在情感上、思想上对于劳动产生认同感，从而明白只有不断强化锻造自身能力，提升自己的学识修养，才能立大志成大才，实现报效祖国、服务社会的远大志向。因此，全社会应营造尊崇劳动、勤勉劳动的良好氛围。通过劳动培育可使中华民族勤俭节约、艰苦奋斗、甘于奉献、追求卓越的劳动精神在青年一代的延绵传承中发扬光大，因此将劳动精神融入大学生思想政治教育中，是培育和践行社会主义核心价值观极其重要且关键的举措。

（三）价值引领：落实立德树人根本任务和办好人民满意的教育

百年大计，教育为本。高校承担为党和国家培养人才的重任，大学生需要培育端正的政治品格和高尚的社会公德、正确的职业道德和家庭美德，不断地淬炼、锻造自己的素养、涵养，让自己的德行得到提升，人格得到升华。这便是响应了坚持为党育人、为国育才的号召。人无德不立，立德树人是教育的根本任务，其目的是培育能承担社会责任、能立鸿鹄志、做奋斗者的人才。从教师角度来看，更需要加强自身师德师风建设，树立榜样。教师的职业决定了教师需要具备优秀的品质和人格，在培养人才的过程中需要教师进一步将劳动精神融入大学生思想政治教育当中，带入课堂教学，融入第二课堂，教育引导学生真正理解劳动内涵和劳动价值，帮助大学生树立正确劳动观，形成良好的劳动品质。青年处于拔节孕穗期，需要塑造端正的思想品德、正确的价值观念、标准的综合素质，从而营造立德树人的良好育人氛围。教师应真正发挥落实立德树人和办好人民满意的教育的价值引领作用。

（四）精神动能：建设社会主义现代化国家和实现民族复兴的中国梦

道阻且长，行则将至。亿万劳动群众踔厉奋发、勠力同心的强大力量是我们最坚实的依靠和最深厚的底气。劳动精神作为新时代劳动人民所展现出来昂扬向上的精神风貌，凭借其深厚的历史积淀和丰富的思想内涵融入大学生思想教育中，便会发挥极致的效果。

一直以来，中国共产党带领全国各族人民创造财富、不断拼搏，以劳动精神这个强劲引擎在历史的洪流中驱动中国巨轮扬帆起航。因此，要不断发扬劳动精神，激励当代青年积极投身于中国特色社会主义现代化强国和民族复兴的伟大事业。要将劳动精神融入大学生思想政治教育，引导学生坚定历史自信，锚定奋斗目标，自觉把“来时路”上厚植的信仰底气不断转化为爬坡过坎的进取骨气、滚石上山的奋进志气，跑出民族复兴“加速度”。

四、大学生劳动精神培育的实现路径

“国家之魂，文以化之，文以铸之。”依靠文化的力量，可提高人民的思想意识、道德品格、综合素质，从而推动社会的文明发展和进步。也就是说，要想实现国家富强、人民幸福、中华民族伟大复兴，就要发挥青年一代中流砥柱的作用，推进劳动精神有效融入大学生思想政治教育，进一步汲取养分、寻根筑基、淬炼本领、铸魂育人，铸牢“劳动精神之魂”，这样大学生才能明确努力的方向。

（一）汲取：赓续延绵，与时俱进

大学生是满怀赤子之心的追梦人，是立鸿鹄志、做奋斗者的有为青年，他们肩负着建设祖国的重任。大学生接受能力强、适应能力强，有助于培养励志、爱国、求真力行等优良品质。教师要深入了解青年所思所想、所需所困，在继承中华优秀传统文化的基础上，探究新路径，不断汲取优秀文化，与时俱进，开拓创新。

一是继承中华民族优良传统。汲取勤劳、节俭、吃苦耐劳等中华民族优良传承，赓续闻名于世的优秀传统文化中蕴含劳动精神的精华，开拓创新。推荐大学生开展读书荐书主题活动(如阅读《中国北斗》《劳动周刊》《革命者》),感受劳动人民的精神力量和伟大成就。

二是在学科专业中渗透劳动精神。在学术专业学科中精心设计课程内容,在教授专业知识的过程中,让学生们意识到在学科理论实践知识的背后凝聚的是中华民族劳动者的智慧与力量;传承赓续中华民族所形成的刻苦钻研、勇于创新的精神动力,教育引导大学生领会“劳动创造幸福,实干成就伟业”的内涵与意义,培养大学生劳动的科学态度、规范意识、效率观念和弘扬开拓创新、砥砺奋进的时代精神。

三是创新教育工作方式方法,推动大学生思想政治教育工作理论知识与网络科技深度融合,强化网络思想引领,加强对大学生的关注与教育,教育引导大学生热爱劳动。通过构建劳动教育新载体,展现劳动精神文化熏陶。如以视频形式拍摄校园生活、学习、工作点滴,走进学生寝室、课堂、自习室、食堂等,展示校园师生、后勤保障工作人员等实际劳动事迹和志愿服务、校园建设的奋斗故事等,在公众号、校园网站等平台进行展播,创建健康文明、昂扬向上、全员参与的劳动精神氛围。

(二)筑基:坚守精神,厚植情怀

劳动精神体现了改革创新精神和时代精神,也是推动社会前进的不竭动力。加强大学生对于劳动精神的深刻体会,坚守精神家园,增进劳动人民福祉。

一是推动劳动精神的引领,夯实劳动教育根基。加强劳动精神培育,深化大学生思想政治教育工作,开展劳动教育专题辅导,将“干一行,爱一行,钻一行”的敬业精神,吃苦耐劳、团结奋斗、专注认真的工作态度纳入专题教育当中,通过案例分析、讲座、理论讲授等方式加深大学生对于劳动精神的深刻体会。

二是建设内涵丰富的校园文化。需将劳动精神力量融入大学生学习生活的日常,通过制定劳动任务清单,建立校园劳动兴趣小组、社团等形式,结合劳动节、中国青年志愿者服务日、重大纪念日等,开展一系列的劳动精神主题教育活动,完成每日劳动打卡、劳动成果展示等。与此同时,通过清扫校园环境,打扫教学楼、寝室、实验室、会议室、展馆等,让学生体味劳动者的辛苦,以劳引育,凸显劳动教育实效性。

三是劳动精神融入思想政治理论课。思政教师要种好所担任课程对应内容这份田地,通过形式多样的课堂教学、线上线下互动交流、座谈会分享、情景再现、课堂戏剧表演等方式影响学生，将劳动精神的重要内涵、价值意蕴充分应用到思想政治理论课程中，将教学资源与劳动教育进行有机整合，通过课前导入展示、分享经典、读书屋心得体会，以及名著导读、朗诵、辩论比赛等方式，让大学生参与到课堂中，在课堂中学习劳动精神的理论，在实际操作中体会劳动技术的发展，感受劳动创造价值，体会平凡劳动中的伟大。通过思想政治理论课讲授劳动精神，弘扬劳动精神的力量，实现传授知识、能力提升与价值引领的有机统一。

（三）淬炼：精益求精，领航征程

推动“情怀赋能劳动”宣传方式，涵养劳动教育的魅力，以全方位宣传，提升亲切感、说服力、感染力，淬炼时代新人。

一是学习劳动精神。充分利用学校课堂，开展零距离、面对面宣讲，开展师生共同参与的宣讲活动，使理论宣讲听得懂、有收获。开展弘扬劳动精神活动，可以通过线上与线下相结合的方式，将劳动精神讲出来、演出来、唱出来；通过开展主题教育、文艺汇演、劳模案例宣讲、主题演讲、劳动知识竞赛，走进学生宿舍、食堂、图书馆、运动场等形式大力学习、宣传劳动精神，以短平快的形式宣传劳动精神，礼遇榜样模范；通过公众号、三微一端、短视频、抖音视频等形式，大力宣传劳动榜样，如以钱海军为代表的时代楷模、最美奋斗者代表裴春亮、最美铁路人代表单杏花、最美应急管理工作者代表蔡瑞等，通过形式多样的方式大力宣传代表们的精神品质，感染和激发大学生意气风发、笃行不怠，提升大学生奋进新征程、建功新时代的信心和团结力量。

二是宣传劳动模范事迹，引领大学生比学赶超、向先进人物看齐，以劳模和最美奋斗者的先进事迹中蕴含的崇高精神和高尚品格激励自己，明确自己的前进目标。创造“中国奇迹”，打造“中国震撼”，一个个鲜活成果的背后凝聚着广大劳动者对美好生活的向往，对社会进步的执着追求，标志着诚实劳动、辛勤劳动、创造性劳动的志向转化为实际行动和现实劳动。通过观看《时代楷模》《七一勋章》《全国劳模》《大国工匠》等影视作品，如 2023 年春晚大国工匠、技能“小匠”成了最火的“星”，那抹亮眼的“石油红”刘丽、刮腻子世界冠军马宏达火上春晚，在不辞涓流、不拒细壤的风采和精湛技能中，感受劳动力量。

三是拓宽劳模工匠展示风采的平台，争做劳动人物。要充分推进劳动模范的榜样力量，在社会营造学习劳动精神的积极氛围，进一步讲好劳模故事和奋斗故事，推动劳模精神新时代化、接地气化、富有故事化、生动生活化，汇聚起推动社会主义现代化建设的强大力量。通过网站、微信公众号、报纸、电台等渠道全方位展示各个岗位劳模敢于担当、积极奉献、勇于创新的生动事迹，大力宣扬劳模精神，注重用身边事教育身边人，让劳模精神内化人心、深入人心，让劳模形象印象深刻、光彩照人。采用做报告、讲故事、座谈、辩论等丰富多彩的形式，推动劳动精神走进校园、深入课堂、融入宿舍、走近食堂、嵌入图书馆，通过讲述敬业奉献、匠心逐梦、奋进圆梦的故事，让劳动精神引领社会思潮，打造社会新风茂新风尚，激发广大学生爱劳动的热情和敢创造的潜能。

（四）铸魂：培根育人，协同发力

高校作为培养人才的阵地，不仅仅限于校园，也应延伸到社会当中。作为社会主义事业的建设者和接班人，大学生需要具备端正的劳动态度、饱满的劳动热情及高端的劳动能力，成为“高质量的劳动者”。因此，社会实践便成为锻造大学生实际操作水平和求真务实能力的重要环节，丰富社会实践经验便于提高大学生厚植爱国情怀、增强实干苦干、锻造人格品质、承担重任的能力。

一是打通书本与现实的日常学习生活劳动实践。在校园文化建设中营造劳动文化，学校组织开展“宿舍劳动之星”“食堂空盘行动小达人”“劳动金点子小组”等文明校园主题活动，通过整理内务、清理校园、节水节电、空盘行动、维护校园基础设施等活动来增强学生尊重劳动成果、尊重劳动人民的思想意识。组织“劳动集光荣伟大美丽于一身”系列主题演讲比赛，赞扬全国劳模人物和先进奋斗者；组织大型文艺活动，弘扬“崇尚热爱、辛勤诚实劳动”主旋律。举办系列大学生创新创业大赛、劳动科学技术水平竞赛、劳动技能大赛，培养学生爱劳动、主动劳动的好习惯，使学生向马克思主义劳动观和良好的劳动品质看齐。

二是开启学校和社会的生产劳动实践。学校拓展教育资源，组织学生“体验式”“沉浸式”了解企业、工厂规章制度、行政办公、人事管理、企业文化、产销指标等，使他们感受企业的创新科技发展，领悟“择一事终一生”的成事之道；到工厂一线，了解生产加工销售流程、生产实践，体会一线劳动工人“干一行钻一行”的精益求精；到农场亲身体验体力劳动，与农民群众一起工作。今后还要不断将科技创新、新时代主题等元素与劳动精神融为一体，营造热爱劳动、崇尚劳动的浓厚氛围。

三是打造“生活味”与“烟火味”的服务型劳动实践。学校组织大学生参加“笃行不怠”社区服务、深入“生生不息”志愿者服务、致力“暖心慰问”助老助残服务、投入“言传身教”云支教服务等公益性质的劳动实践，如走进社区、敬老院、儿童福利院，开展暑期三下乡社会实践活动，培塑学生服务奉献的劳动价值观，使他们养成主动劳动、辛勤劳动的优良习惯。

五、结语

奋斗者追风赶月、笃行不怠，充实劳动精神，培育大学生劳动精神，激励大学生学习广大劳动者的干劲、闯劲、钻劲。大学生要有担大任、干大事、成大器、立大功的志向，为国家建设贡献力量，为美好生活踔厉奋发，用奋斗书写前行的轨迹。

第二节　铸魂育人担使命　助力升学促就业

就业是最大的民生，而考研是个人发展与国家发展同频共振的重要途径，是自身成长成才、提升就业竞争力、更好地服务社会、实现更高人生价值的需要，是实现高质量就业的重要体现。学校应牢牢把握立德树人根本任务，全面布局、创新举措，以“三全育人”为抓手，立足学生发展实际，狠抓学风建设，提升人才培养质量，引导学子立大志、修大德，进一步做好职业生涯规划，将个人理想融入国家发展之中。要坚定考研信心，树立“信心比黄金更重要”的信念，学会逆风而行，勇攀高峰，锲而不舍，在自己的青春赛道上跑出好成绩，为自己的青春画卷增添靓丽色彩。

因此，学校应为学生提供全方位、多层次的考研服务，师生全程共同参与解决问题，三全育人促进优良学风，以学生考研服务管理的各项具体举措为依托开展推进考研工作的活动。

一、夯实工作基础，做实做细考研指导服务

学校应将考研工作落实到细节，明确指导学生考研路径，将育人元素集结在一起，真正实现全员、全过程、全方位育人。学校应从教学管理、考研帮扶、服务保障等方面，做好学生考研服务管理的具体工作。

一是每年开学初应组织新生开展专业认识及就业前景认识，并邀请优秀毕业生进行线上交流等一系列讲解，分析专业就业形势及考研形式，帮助学生理性分析考研和求职方向。二是对于大二学生应配齐配全“研学旅行指导师”进行专业课

指导，教师坚持学科为引领，加强学科间相互协作，促进学科融合渗透及延伸，保持学科优势，激发学生考研活力。三是对于大三学生开展线上线下考研经验交流会、座谈会等活动，如召开考研经验汇报会、考研就业动员会，邀请往届考研成功的学生分享考研经验，结合学校专业学习特点对考研学生进行详细讲解与指导。

二、宣传彰显成效，精心护航毕业生考研路

要想提高学校考研率，各学院应精心、细心布置考研任务，做好考研宣传工作，形成独有的考研指导特色。

一是设立考研倒计时公众号栏目，主要分享考研复习方案、考研指南、考研复试攻略等内容，以此为考研学子提供“攻略”，引导学生要全心备考、科学报考、沉着应考。帮助学生树立信心，提醒学生要学会逆风而行，勇攀高峰，锲而不舍，才能看到顶峰奇观。

二是举办“两节一周”系列活动，举办“学院盛迎新时代，考研踏上新征程”、学无止境，勇攀高峰之考研复试调剂经验分享会、考研送温暖、上岸一定“橙”之考研学子慰问活动。通过往届考研成功人士结合自身成长经历，全面细致地分享考研路上的历程和经验，鼓励考研学子要坚定“一战成硕”的初心，笃定信念，克服考研道路上的困难险阻。

三是在学院转角处悬挂考研光荣榜，展示学院考研率，为学校从生源质量到毕业生质量的跨越贡献应有的力量，也为提升学生就业竞争力做出贡献。毕业生考研创佳绩，往届考研大军中有众多同学成功上岸，荣登考研光荣榜。漫漫考研路，学生们用勤奋和毅力成就自我，用不懈的坚持和拼搏展现青春风采。

三、明确培育方向，共建助力人才培养质量

学院应明确育人方向，外引内育，制订计划，提升人才培养质量，依托专业学科优势，为学生搭建考研交流平台，坚持思想引领，强化考研意识，帮助学生做好合理规划。

一是学院应进行毕业生学业规划意向的问卷调查，精准掌握每位毕业生的生源地信息、学业基础、考研院校、求职意向、个体诉求等信息；根据基础数据为毕业生精准“画像”，将毕业生学业规划分为专心考研、专心就业、兼顾考研就业三类。

二是帮助有需求的学生进行调剂,通过发送调剂信息和教师点对点帮助联系进行帮扶。学院专业课教师结合专业方向为学生进行复试备考指导,着重在备考技巧、复试准备、调剂咨询等方面提供全方位的指导帮助,为学生走好考研的“最后一公里”保驾护航。三是学院应根据每位毕业生的学业规划,为学生提供分类指导;针对考研学生,建立教师指导、朋辈帮扶机制,根据学生的报考院校,建立考研学生与学院教师及近三年读研校友的对接机制。

四、全员联动机制,持续推进人才培养建设

学院担负着人才培养、科学研究、社会服务等重要任务,是学校建设与发展的基本载体和平台。因此,学院党政班子成员、辅导员、任课教师、学生干部等应建立联动机制,层层夯实责任,细化工作任务,将应届生考研工作做实、做精、做细、做到位,为考研工作提供有力保障。

高校毕业生是宝贵的人才资源。做好高校毕业生工作,将为经济社会高质量发展提供重要的人才支撑。学院应攻坚克难、加倍努力,千方百计地为毕业生做好就业服务,确保高校毕业生就业局势稳定,从而更好地促进高校毕业生就业。学院应持续推进考研工作,为学生的考研路铺满鲜花,赢得一步一春天的繁华。

第三节　深化心理健康教育　培育积极心理品质

学校是塑造学生品格、培养学生积极心理的重要场所。学校应推动德育为先,培养学生仁爱美德,培根铸魂,将积极心理健康活动融入教育全过程。“五育”并举视域下的积极心理品质有利于提升六大美德。学校推动德育为先,培养学生仁爱美德,感召学生家国情怀,培根铸魂,铺就学生成长底色,为培育学生强烈的社会责任感奠定了基础。

增强智育慧心,提升学生的创造力,激发学生的好奇心,锻炼学生的批判性思维,培养学生勤奋好学的精神,培养学生的精炼洞察力,润心增慧。学校应充分发挥学生所具备的学识和能力,关注前沿与创新趋势,更好地把握社会需求与教育供给;积极组织学生参与大学生创新创业大赛、“挑战杯”比赛等,提高创新创业水平,组织学生参加专业技能竞赛,形成重视竞赛、尊重技能的良好氛围,不断深化人

才培养方式变革,助力人才培养与产业发展同步,培养一批有干劲、有闯劲、有理论功底、有实践能力、有热情朝气的新时代大学生。

夯实体育为基,强体固本。学校应通过开展形式多样的阳光体育活动、搭建多种类型的体育赛事平台等方式增强学生克服困难的勇气,磨炼他们坚毅的品质;倡导公平正义,绽放青春活力,真正实现以“体”育人,推动学校体育教育多元化发展,真正让学生在体育活动中享受乐趣、强健体魄、健康人格、锻炼意志,促进学生积极心理素质的培养。

强化美育沁心,尚美雅情。搭建实践平台,组织学生参加丰富课外活动,将艺术素养融入学生成长基因,促进学生身心健康发展,提升学生幸福感和获得感,提高学生对美德的领悟,在实践中发现识别欣赏美。拥有感恩的心态,美好的憧憬,乐观的心态,展现幽默,使学生在成长关键期体会到宁静、专注、优美、和谐、崇高、分享所蕴藏的人生价值和生命意义。

培育劳育健心,培劳养志。通过志愿服务、社会实践培养学生树立劳动观念,服务基层,走进社区、走进敬老院、走进中小学,在专业学习中学习理论知识,在专业技能指导下开展社会实践和志愿服务,体验基层工作,服务地方,与人民群众干在一起,学在一起,培养实践操作能力,引导学生通过劳动教育感受劳动之美。开展榜样的力量事迹宣讲,以实际案例感召学生传承劳动精神,培养融合发展的创新型、复合型、应用型人才。

一、“五育”并举视域下大学生积极心理品质培育的价值意蕴

高校要在德智体美劳“五育”并举视域下,将德育、智育、体育、美育、劳动教育充分赋能学生心理健康,促进心育浸润、“五育”融合;开展综合素质拓展心理课、特色心理育人活动、心理健康教育主题班会、积极心理品质培养的专题讲座,从培养学生积极心理品质出发,广泛开展心理健康科普宣传,以有效的举措夯实青年身心健康发展基石;提升学生积极心理适应性,培养学生的积极心理健康素养,保持积极情绪的优势,守护学生心灵家园。

(一)积极心理品质:促进大学生身心健康成长

高校承担着为青年身心健康护航的重要责任和使命,在大学生群体中,体质脆

弱、容易受伤和生病的大学生会出现打个喷嚏闪到腰、伸个懒腰扭到脖子等各种原因进医院的情况。

这反映了大学生身体素质、身心健康的情况。其深层次原因是初高中时期学生精力集中在考试上,学校对于健康的教育也疏于顾及,更多关注的是学生的考试成绩,使得学生对自己的健康意识不足,健康的生活饮食习惯也没有长期养成。当前大学生自身不重视身体健康状况,尤其是从高中原来紧张学习备考的环境转到大学相对自由开放的环境后,部分学生开始热衷于熬夜追剧、通宵打游戏、暴饮暴食等生活方式,长时间不良的生活习惯再加上报复性熬夜、饮食不规律、缺乏锻炼等原因,不断透支着身体,使身体每况愈下。还有大学生要面对备考、考研、考公、就业的压力,导致他们情绪波动大,失眠严重。所以高校更应关注的问题不只是学生身体,还有学生的心理。

针对这一现象,高校应立足学生心理健康,德智体美劳"五育"并举,创建特色的工作理念和方法,厚植学生身心健康的"沃土",培育更多茁壮成长的新苗。教育引导学生强身健体,保持身材形体,对于压力有适当的管理,重视心理调适,保持情绪稳定,培养积极心理品质等,主动"经营"身心健康,做到"文明其精神,野蛮其体魄",培养大学生健康人格和良好心理素质。通过科普知识,让学生掌握生活技能,提升遇到突发事件时的应急处理能力。高校应通过服务和社会实践,锻造学生筋骨,锤炼学生品质,使其学习通用劳动科学知识,掌握常规劳动技能,养成良好日常生活习惯,强化服务意识,增强志愿服务性劳动,重视大学生实习实训,加强生产劳动锻炼,进一步引导新时代大学生在创造中感受获得感,在活动中激发积极向上的阳光心态,培育积极心理品质,培养学生社会适应能力,更好地克服生活中的压力,有效规划大学生职业发展,促进大学生身心健康,构建良性向上的校园氛围。

(二)人才培养:培养德智体美劳全面发展的时代新人

培养大学生要掌握了解学生心理状况,摸清学生底数,培育学生积极心理品质,提高心理适应能力。个体性格中的24种优势,分别是创造力、好奇心、好学、开放性思维、洞察力、勇敢、毅力、正直、活力、社会责任感、公平、领导力、爱、仁慈、社交智慧、宽恕、谦虚、谨慎、自我管理、美的领悟、感恩、乐观、幽默、信仰。从培养学生积极心理品质出发,推动德育为先,培养学生仁爱美德,培根铸魂。增强智育固本,润心增慧。夯实体育为基,强体固本。强化美育沁心,尚美雅情。培育劳育为本,培劳养志。

一是德育为先，培根铸魂。从《论语》中“唯仁者能好人，能恶人”到平凡中彰显医者仁心，都是在诠释仁爱美德，不仅体现的是公正，更体现的是在公平的前提下表现的慷慨、不求回报、对他人的体谅等。仁爱不只体现出爱、仁慈、社交智慧，更体现出大爱无疆，为他人福祉着想及处理人际关系的能力。都说以仁爱之心培育仁爱之人，高校应拓展平台，丰富实践载体，创新活动方式，全方位、立体化开展“开学第一课”“开学第一次主题班会”，多措并举切实上好思政课程。引导学生干部明确角色，担当责任，培养学生坚持实事求是，保证实验真实可靠，遵循科研伦理和学术规范。针对毕业生开展就业指导，引领航向。做好就业升学早规划，努力升学正当时。激励大学生立志为强国建设、民族复兴而读书，真正实现学生对父母、同窗、人民的大爱无疆，我将无我，不负人民，合作共赢的效果，与此同时，高校应通过开展党史学习教育、四大精神、诚信教育等，引导学生传承红色基因，弘扬红色精神，在理论学习中涵养对党忠诚的大德，造福人民的功德，严于律己的私德。学生在职业生涯中，涵养大德便能成大业、立大功，在祖国各地建功立业，将个人梦融入国家梦，涵养高尚的道德品质，不负青春年华。

二是增强智育固本，润心增慧。智育更多的是塑造学生品质，培养学生能力，增强学生智慧。佳绩的取得靠的是学生理论知识储备和团队合作精神，凝聚了师生的智慧和汗水。培养人才过程中始终秉持以赛促教、以赛促学的路线方针，鼓励学生在学习中凝聚创新思想，在竞赛中巩固所学知识和提高个人能力。同样好奇心也可以促使人们对新经验和新知识的渴望，能激发人们去探索和接近目标。在“三下乡”社会实践活动中，带领学生走进田间地头，深入调查研究，艰辛知人生，实践长才干，学生在参观社会实践基地时锻炼了开放性思维，开阔了视野。在专业学习中，锁定强化学生专业学习能力目标，针对学生不同专业进行导学，指导学生填写职业生涯规划、制订学业与岗位衔接的发展前景计划，为学生解读本专业的人才培养目标和人才培养方案，更加深入明确学习目标和发展方向。

三是夯实体育为基，强体固本。体育教育对于提升人才培养质量发挥着至关重要的作用，对于大学来说大学生体育竞赛便是发挥实力的平台，运动员在赛场中挥洒汗水、拼搏奋斗、迸发青春的活力，让学生在竞赛中感悟超越自我、发挥人生价值，以赛代训、以赛促教，真正实现体教融合。

正义这一美德，通常代表着公平，还包括社会责任感和领导力。其实真正的体育精神，内核强大，意蕴丰厚。从中国乒乓球的民族自信心到为中华民族崛起而拼搏的中国女排精神，追求卓越的北京冬奥精神，既培训了体育技能，也塑造了体育精神,通过激烈的竞技,赛出水平,赛出风采。

勇气这一美德,是体现在身体上的、道德上的和心理上的,其实克服恐惧的能力就是可贵的美德。真正的勇敢是对"畏惧"的全盘掌控,坚持不懈、不屈不挠的意志力和表里如一的正直,保持充满活力的状态,这些都是勇气包含的能量。强身健体,完善人格,重点是发挥体育育人,从大学校园晨跑、校园夜跑到晨练早操,无一不是在塑造人格、强健体魄,将体育健康的理念贯穿大学生日常学习生活中。在运动会中同样注重培养大学生的兴趣爱好,为不同年级的学生量身定制个性化方案,会增强体育运动的趣味性和科学性,引导学生自主锻炼,积极训练。在运动会上展现的是学生青春、激情的一面,大学生在运动场上蓬勃朝气、挥洒汗水,彰显出的是勇敢的闯劲、坚韧的拼劲。在趣味运动项目中,更多的是配合协作,体现团队凝聚力。因此,高校组织学生参与同心击鼓、鱼雷飞弹、履带战车、旱地龙舟、鸿运当头等趣味运动项目,可以锻炼大学生的身体素质,使大学生在取得优异成绩的同时放飞心灵,超越自我。大学生运动会可以充分提升民族自信心、增强同学凝聚力、展现团队精神,起到以体育等方式赋能人才培养的重要作用。

四是强化美育沁心,尚美雅情。美是视觉上欣赏到的和听觉上感受到的美,获得的本领和才能,以及美好的德行。收获喜悦的感恩、感激之情,对渴求的事情充满激情,保持良好的心境,展现幽默。

高校十分重视美育工作,都在积极构建美育育人的新模式。从儒家"六艺"(礼、乐、射、御、书、数)到蔡元培先生所说要以爱美的心,真正地完成人们的生活再到当代唱古诗之韵、诵经典之美等都是美育的体现。学校将传统文化以喜闻乐见的视听形式传播给大学生,设置特色艺术课程教学、开展艺术实践、组织校园文化活动、进行艺术节等展演,陶冶情操、净化心灵、提升人格,能够促进学生身心健康发展,涵养社会主义核心价值观,夯实坚实根基。

五是培育劳育为本,培劳养志。性格优势中的节制是一种善于控制、避免过度的美德。这与躬身参加劳动,提倡勤俭节约,艰苦奋斗相得益彰。体验劳动者从食堂的"光盘行动"、完成垃圾分类,到清扫教室实验室、楼梯展览处,再到寝室卫生大扫除,深入社区志愿服务,让青年大学生在基层中历练,在田间地头、工厂车间增长才干,通过亲身参与劳动让青春的汗水挥洒在新时代新征程中,通过赋能劳动教育,引导学生传承勤俭节约、艰苦奋斗的美德。

(三)教育实效:促进大学生思想政治教育有效开展

大学生思想政治教育是一个系统工程。当前大学生主流思想积极、向上,但不可避免地受到西方文化的冲击和思潮影响，这对大学生开展深层次的精神滋养和道德引领至关重要。高校应关注学生思想动态、关心学生学习生活、助力学生健康成长。心理健康教育是大学生思想政治教育的重要内容，高校应帮助学生塑造良好品格、掌握专业技能、培养综合能力、与学生沟通心灵、启智润心、激扬斗志；立足青年学生的心理特点，立足思政主课堂，整合、转化及应用心理健康教育资源，培根铸魂、启智润心，以心理知识竞赛、大学生心理健康主题讲座、团体辅导、心理班会、宿舍创意大赛、心理征文大赛、心理漫画征集大赛、校园心理情景剧大赛等方式赋能大学生思想政治教育，实现心理课堂和大思政课堂的深度融合；不断拓展心理育人平台激活心理课堂，为社会培养和输送具有过硬政治素养和坚定理想信念的新时代大学生。

二、影响新时代大学生心理品质现状的成因分析

高校充分发挥德育沁心、智育慧心、体育强心、美育润心、劳育愈心作用，以“德智体美劳”教育赋能大学生培育积极心理品质，帮助学生获得智慧、创造力、开放性思维、乐观积极、勇敢、正直、善良、社会责任感、仁爱之心、谦虚谨慎等积极心理品质，提高学生积极性，挖掘学生积极的性格优势，保持积极情绪的优势。新时代大多数大学生具有积极的心理品质，他们的心理品质状况总体呈积极向上趋势。但是有少部分大学生的积极心理品质欠缺，存在消极的心理品质，需深究其原因，进而为培育大学生的积极心理品质提供更有针对性的建议。

（一）大学生对心理品质的认知有待加强

一是大学生性格不够成熟。自我认知不足和价值取向偏颇、职业目标模糊、职业素质欠佳是大学生职业生涯规划中所折射出的典型问题。在当前就业大环境下，毕业生对自己期望值或高或低，缺乏对自己能力的认知，有的学生不切实际地追求高职高薪的岗位，有的学生缺乏求职信心，面对心仪的岗位选择退缩，不主动争取，错失了绝佳的机会。该类学生对自己的优势和短处了解不全面，不能很好地衡量就业实力，时而忽高忽低的心境，最终导致就业不理想。当今大学生的求职方向，更多的是由理想转为务实，想拥有“铁饭碗”，如当前就业状况是众多大学生加入考公大军。据统计：毕业生报名人数居多，但录取率偏低，这便是因为学生没有根据自己的兴趣爱好或者特长来找工作，而是为了谋求自以为稳定、薪资待遇好的

单位就职,长时间在工作岗位中出现一眼望到头的境况,没有工作热情和期待,这便是学生职业发展和个人价值实现所折射出的问题。还有一种情况是,学生备考经验不足,缺乏社会阅历,总是在学校的保护下学习生活,没有真正体会到社会求职的压力。在与学生沟通过程中,了解到部分学生,一方面对未来职业规划过于理想,没有真正地投入学习中,目标却定为升学考取很好的院校;另一方面便是缺失目标,没有学习动力,不知道从哪里着手开始复习,这种两极分化严重的求职和升学现象使学生面临职业目标模糊的境遇。最后就是大学生职业素质欠佳,在就职过程中,为了获取岗位,没有在自身笔试、面试能力上下功夫,而是夸大自身能力,更有伪造证书、虚构简历等问题出现,这都给毕业生求职埋下深深的隐患。

二是大学生抗压能力弱。高校在“德智体美劳”方面发挥着育人作用,为学生大学学习生活工作保驾护航。入学后学生首先要对面对的是学习压力,高中生在经历过高考的题海战术后转变成“萌新”大学生,对一切都是未知的,对大学的校园生活充满期待与热情,但是在专业课学习上,术业有专攻,原本各科均衡的学习变成更加细化的深入研究,加之学生还未做好迎接学业的心理准备,使学生在学习中目标模糊,每天应对每科学习不堪重负,导致压力大。然后便是参加各项活动,新生入校后,便有学生会、社团给大家抛出橄榄枝,学生一边沉浸在选择部门的喜悦中,另一边在各项活动的锻炼中无暇分身,这会让学生忽略第一重要任务是学好本领,再进行课外拓展和社会实践。更有甚者,为了做好自己所谓的相关工作,荒废了学业,使自己面临学业预警的境况。为避免这一情况,学校应加强学生干部培养,学生干部承担着重要职责,高校要关注他们的思想、学习成绩、工作态度、工作能力等,学生干部要权衡好学习和工作之间的关系,要做到品学兼优;学生干部要有责任意识、大局意识,在平时工作中注意工作的方式方法(各部门也要培养学生干部,发挥薪火相传的传承);学生干部要知行合一,言行一致,严于律己,打造一支作风正、业务精的学生队伍。

(二)高校对大学生积极心理品质缺乏有效指导

高校作为大学生心理健康教育的重要培育基地,需提高站位,强化教育管理,完善心理保障。大学生是思维活跃、感情丰富、志向远大的青年,高校应通过仁爱之心和关爱之情为学生送温暖,深感情地进行全员、全程、全方位的思想政治教育,筑牢高校心理健康教育工作体系。

一是全员参与,心理健康教育合力需要进一步加强。高校更多的是为学生提供心理所需，那么心理健康专任教师的专业水平就尤为重要，也就是高校要提供规范专业的心里咨询服务。高素质的辅导员队伍是必不可少的，辅导员在学生一线，关注学生心理状况，可以及时为学生提供心理支持和危机干预。任课教师在专业课堂上为学生答疑解惑，身处教学一线更能了解学生的学习情况，从而更好地正向引导学生，激发学生学习兴趣，培养学生积极、向上、阳光的心理品质。行政管理人员可以为学生办理业务，从而解难事、办实事，用心用情为学生服务。教辅和后勤工作人员在学生日常生活学习中要为学生传递关心、关爱的温度，从学生学习成绩及日常生活习惯中更直观地了解学生。学生干部是各位老师更直接的中坚力量，学生干部掌握本班同学的思想状况、学习生活情况，遇到问题第一时间可向辅导员反馈，做到及时关心、关爱学生。

二是对于学生全程关注力度需要提升。大学生是拔节孕穗的关键时期，常会在学习、生活、就业中遇到困难，因此应时刻关注学生的动态。新生入学阶段，高校应为新生上好开学第一课，并联合大学生心理健康教育中心做好新生心理测试工作，针对不同专业、不同阶段的学生可开展"一见'寝'心，'寓'见最美的你"寝室卫生清扫活动；"寓"你相遇，一往"寝"深——"寝室公约"手抄报设计大赛；守望相助，心心相连——灾后心理调适指南；校园心理剧大赛；心理沙龙等活动。学校应提高学生自我认识能力、人际交往能力，稳定学生情绪，使他们树立正确的人生观、价值观、世界观。同时在暑期"三下乡"社会实践活动中，深入田间地头，开展调查研究，支农支教，锻炼坚韧不拔的意志，厚植家国情怀，培育积极心理品质。在学生实习实训中安排学生走进工厂车间，走进实验室，让学生发扬科学家精神、工匠精神，扎扎实实体验深入一线工作。同样在每学期的考试中，高校要加强学风建设，开展诚信教育，帮助学生树立正确的备考心态，稳扎稳打地夯实理论基础，在考试中检验对知识的掌握程度，通过不断的复盘和复习，完善知识的掌握程度。根据学生学习成绩、社会实践、志愿服务、工作责任等综合考量，在评奖评优中以公开、公平、公正的原则，鼓励学生努力学习实践。在毕业生工作中，厚植爱校荣校情感，鼓励学生到祖国各地建功立业，将个人梦融入国家梦，以小我实现大我，实现人生价值，诠释人生的意义。

（三）家庭对积极心理品质教育的重视程度不够

父母是孩子最好的老师，其中心理环境是很重要的，父母为孩子营造温暖、安心、健康、和谐的生活环境，才能更好地培养孩子积极的心理品质。父母想把自己未实现的梦想付诸在孩子身上，这是一种内心的投射，想让孩子比自己过得更好，但是容易在学习和生活中给孩子增加很多压力。家庭结构也是重要因素，健康完整的家庭通常会让孩子安全感倍增，缺陷松散的家庭通常会给孩子带来伤害。学校在大学生心理测试中，筛选出来很多心理异常的学生，通过与学生沟通得知，一部分学生因为父母离异带来的伤害较多，有些已经治愈有些却影响到学生学习实践。同样，家庭环境的氛围也影响着孩子的成长，我们经常看到影视剧片段父母争吵的时候会避开孩子，但是实际生活中在孩子面前有矛盾、冲突通常会给孩子带来童年阴影，甚至有的学生因自己父母相处的不幸福影响自身的婚姻观，选择以后不婚或者不要孩子等。民主型教养方式在培养孩子自主创造力、责任感、坚定的毅力等积极心理品质方面起到积极作用，而专制型、权威型、放任型的教养方式，让家长认为孩子变成了自己的“附属品”，变成了情绪宣泄的对象，比如有些家长会说“我付出这么多都是为了你”“我都是为了你好”，把对孩子好的想法强加在孩子身上，揠苗助长，忽略了孩子的成长轨迹，只注重孩子的成绩和结果。因此，家庭教育在学生成长成才中发挥着至关重要的作用，帮助学生树立自信心，培养独立人格、创新意识，启迪心智，提高综合素养。家庭教育是需要绵绵用力、久久为功的长期性的教育方式来培养学生善学善思、勤劳勇敢等健康、积极向上的积极心理品质。

三、“五育”并举视域下大学生积极心理品质培育路径

在“五育”并举视域下，坚持德育为先，铸魂育人；坚持智育求真，长智增慧；坚持体育固本，强身健体；坚持美育怡情，美雅尚情；坚持劳育为荣，劳有所获。培养学生正确认识自我，客观理性地对待自身优势和短处，通过理论与实践教学相结合的方式，使学生能够清晰地认识到大学生心理健康的重要性，明确大学生担负着祖国的未来，肩负着实现中华民族繁荣昌盛的历史重任，保持健康的自我是大学生实现这一重任的基础，引导学生坚定理想信念，养成良好的行为习惯，成为可堪民族复兴大任的时代新人。

（一）增强自我认知，激发个人主体性作用

首先，帮助学生提升自我认知能力，通过参考学生学习成绩、社会实践等综合指标，引导学生正确认识自我，扬长避短，发挥所长，不断完善自身能力。学生也要在同学、室友的互评中更好地了解自己的为人处世，掌握正确的人际交往技巧，虚

心请教老师，正确评价自我。其次，帮助学生提升抗压能力，面对学习中的困境，要积极寻求老师或同学的帮助，刻苦学习，掌握学习方法和技巧，把力不从心落下的科目及时补上。面对生活的压力，要学会树立积极乐观的态度，无法改变事态发展，那就欣然接受，提升自我抗压能力。要在课程学习中获得知识，在社会实践中提升能力。比如在大学生心理健康教育课程中，帮助学生培养自我认知能力、人际沟通能力、自我调节能力，切实提高心理素质，促进学生全面发展。能够在理解理论的基础上，掌握影响大学生心理健康的主要因素、大学生常见心理困惑及异常心理调节的方法，提高大学生的适应能力，培养大学生独立的人格和良好的道德情操，实现综合素质的培养。最后，帮助学生提升自控能力，也就是要自律，严于律己，好习惯的养成在于日复一日的积累，见贤思齐，要向优秀的学生看齐，在学习中探索真知，在志愿服务中锻炼坚定顽强的意志。

（二）学校注重心理品质培养，育人重育心

首先，构建心理咨询平台，开展压力疏导。在学习生活中出现情况，及时采取积极措施，缓解学生心理压力，避免心理危机。其次，构筑全方位、多层次的心理健康教育活动，培育学生的积极心理品质。开设心理健康活动月专栏，如“心知我识赛出风采”心理知识竞赛，“心理大舞台，有画你就来”心理健康主题绘画比赛，“与心灵相约，携健康同行”心理游戏活动。组织开展“朋辈心理辅导员”竞选，参加二级心理辅导站培训，举办校园心理剧大赛，为大学生搭建健康阳光的心理健康平台。最后，通过“开学第一课”“开学第一次主题班会”及大学生心理健康课程，为学生开展生命教育、感恩教育，通过案例分析、理论讲授、问卷调查和课堂心理测试等，帮助学生掌握学习生活中应对学习压力、人际关系等技巧，在校园内形成全方位的心理育人氛围。

（三）形成家校合力，坚持以积极导向赋能家庭教育

父母对孩子的言传身教影响着孩子的一生，大学生的为人处世、人际交往都反映出父母的教育印记。在短视频中常常出现的画面是家中的大人用书遮挡手机，让家中的幼儿认为家长在读书，从而营造读书的氛围。还有孩子考试成绩不太理想，但家长并没有责怪，而是鼓励学生在下次考试中取得更好的成绩。家长在陪伴孩子成长、沟通交流和发挥示范作用等方面应坚持积极导向，建立和谐融洽的亲子关系。大学生更应如此，家长和学校应形成合力。在家访中，家长应帮助教师多了

解孩子的成长和性格特点，教师应帮助家长了解学生的学业情况、职业生涯规划等，这有利于学生养成学生自信乐观、坚韧不拔的积极心理品质，提升文明素养，强健体魄，养成良好的学习习惯。学校应树立责任意识，提升学生的实践能力，挖掘学生的潜力，发现学生的优点，激发学生的兴趣，让学生保持更加理性平和、乐观开朗的积极心态。

四、结语

学校需坚持党建引领聚合力，“五育”并举，全面提升学生专业技能与综合素质，强健体魄，提升发现美、创造美的能力；传承勤俭节约，艰苦奋斗，培养拥有高尚道德、优秀传统的新时代大学生；坚持守正创新，开创培养机制、精细化培养过程，促进教学质量提升和内涵发展。

第三章　学而行，方能炼得大学生思想政治教育之真才

要学以致用，真信笃行。“笃行”为最后阶段，“笃”有踏踏实实、一心一意、坚持不懈之意。思想政治教育需要久久为功、慎终如始、潜移默化、深远持久地教育学生，要为学生搭建社会实践的平台，只有参与志愿服务，深入田间地头，走进工厂车间，才能真正体会身临其境的感受。遇事冷静，解决困难，不断攀登，真正在实践中感悟作为学生能创造出价值的成就感，这便是思想政治教育的意义所在。只有通过实践培养学生成长，悟出事情发展规律、明确人生发展方向、学会解决问题的方法、增长智慧才干，才能不断为强国建设、民族复兴添砖加瓦。

第一节　志愿服务大有可为，青春当属志愿红

一、大学生志愿精神的新时代意蕴

(一)新时代志愿精神突出体现了培育和践行社会主义核心价值观的本质要求

志愿精神是志愿服务的核心，志愿者在长期的志愿实践活动过程中，形成了志愿服务意识和正确的价值观，这引领着志愿服务事业发展的前进方向。

1. 社会主义核心价值观与新时代大学生志愿精神本质高度契合

社会主义核心价值观包括国家层面、社会层面和个人层面，是社会主义核心价值体系的内核，体现了社会主义核心价值体系的根本性质和基本特征。新时代大学生志愿者的使命更加重大，施展才华的舞台更加广阔，通过发扬志愿精神，为人民群众送温暖、献爱心，真正诠释了“奉献、友爱、互助、进步”的志愿精神，在服务社会、助人为乐中提升人生境界，实现人生价值，促进社会和谐，推动社会进步。

志愿精神首先是志愿者共同的价值追求，相较于社会主义核心价值观更为微

观，是对志愿者群体的具体要求，而不直接作用于普通群众。以无私奉献服务群众，用志愿精神彰显大爱。

青年大学生通过志愿服务帮助服务社会，汇集社会资源，迸发出青年热情与活力。志愿服务是传递社会情怀、涵养精神力量的有效途径，也是引领社会主义核心价值观的践行平台。在践行社会主义核心价值观中树新风、育新人，因此，社会主义核心价值观与新时代大学生志愿精神本质高度契合。

2. 志愿精神是社会主义核心价值观转化为大学生情感认同和行为习惯的体现

坚持弘扬志愿精神，深入志愿服务的原动力在于契合的情感共鸣。大学生通过志愿服务，可累计志愿时长和经验。大学生志愿者通过理论宣讲、志愿帮扶、防诈骗宣传、标本馆讲解等方式，所获得的群众认可、社会信任不断提高，由内而外地明确自身的职责。情感认同使志愿服务更具温度，使志愿者在志愿服务过程中产生思想激荡与升华，而志愿服务取得的成效也能使情感体验更具厚度，在情感认同中获得思想鼓舞与教育，将志愿精神内化于心、外化于行。

保持弘扬志愿精神鲜活的生命力在于丰富实践载体。整合阵地平台，为大学生搭建服务平台，如“返家乡”社会实践活动通过建立大学生服务队伍，增强志愿服务的技能和理论知识，深入街道社区等机关单位、深入基层服务群众，开展理论宣讲、整理信息、慰问老人、宣传活动等工作，在开展工作过程中丰富活动内涵，培育服务项目，真正将志愿服务融入生活、化作日常。通过志愿服务，大学生积极担当，服务基层，在工作中勇于创新、甘于奉献，让青春在志愿服务中绽放光彩，用实际行动诠释青春梦、中国梦，真正体现出社会主义核心价值观转化为大学生情感认同和行为习惯。

3. 志愿精神是社会主义核心价值观转化为大学生进步性社会意识和公益性社交活动的具体体现

志愿精神是赈灾救助中志愿者们走访慰问、伸出援助之手的精神风貌和高尚道德情操；志愿精神是抗击新型冠状病毒感染疫情中志愿者们顶风逆行、凝聚人心向光而生的责任担当；志愿精神是在群众需要帮助时的守望相助，是群众急难愁盼时的博爱暖流。志愿者由此形成了不计报酬、不求名利、与人为乐、互助互爱的服务意识。志愿者在服务中提升了专业技能，升华了思想境界，获得了情绪价值，实现了从物质到精神的全方位提升。尤其是帮助群众解决困难而获得认可和好评时，使“助人自助”的理念更加深入人心，受助者也会在志愿精神的感召下，积极参与志愿活动，成为志愿者的一员。由此，这种社会进步性意识和公益性社交活动便反映了社会主义核心价值观的具体要求。

(二)新时代大学生志愿精神体现了坚定的文化自信

新时代大学生将志愿精神融入日常、化作经常,正是坚定文化自信的突出表现。弘扬中华优秀传统文化、革命文化和中国特色社会主义先进文化,坚定文化自信,就是把家国情怀转化为服务人民的实际行动。

志愿精神并非无本之木,其具有丰厚的历史文化和思想底蕴。志愿精神与延绵数千年的中华优秀传统文化一脉相承,“爱人者,人恒爱之;敬人者,人恒敬之”等名言包含了友爱、互助的思想,为新时代志愿精神提供了精神滋养。

自古以来,在奉献、友爱、互助、进步的志愿精神感召下,弘扬志愿精神实现了彰显社会责任感和体现个人获得感的有机统一。如“敢向绝壁要天路”见证山乡巨变的脱贫攻坚楷模毛相林。毛相林和村民们用双手在山中凿出了 8 千米长的公路,续写“愚公移山”新编章的事迹彰显着自立自强、苦干实干、无私奉献的志愿精神。志愿精神追根溯源便是中华民族传统优秀文化的落地生根,诠释着推动民族和社会进步的一直都是坚守岗位、默默奉献的平凡而伟大的劳动人民。

大道至简,实干为要。新时代大学生发扬志愿精神更应内化于心、外化于行,处在新时代新征程上的大学生志愿者们,会在志愿精神的引领下续写新的篇章。

(三)新时代大学生志愿精神体现了以人民为中心的思想

党的二十大报告指出,维护人民根本利益,增进民生福祉。始终坚持“以人民为中心”是对中国古代“民惟邦本、本固邦宁”传统民本理念的传承与超越,如“敬天保民”“民为贵,社稷次之,君为轻”“水能载舟,亦能覆舟”等民本思想,与志愿精神中蕴涵的深刻意义相契合。

1. 志愿精神的利他性与全心全意为人民服务的关系

志愿者以行动表达对他人的同情,结交不同年龄的新朋友,基于社会责任,心怀感恩地传承志愿精神等。如大学生在社会实践活动中,培育了利他动机,通过实践平台深入田间地头,清理杂草,体验式劳动,沉浸式服务,能获得思想素质的提升,从而明确大学生劳动之意蕴,担当时代之重任,通过社会实践可以尽自己的力量助力乡村振兴。

为群众解决难事,办实事,最直接的方法是设立政务服务中心,施行“一窗通办”项目服务“八合一”,在岗的公职人员加班加点把业务熟记于心,真正把实事办实,让群众得到实惠。因而,当代大学生更是如此,在校期间培养学生志愿精神,树立全心全意为人民服务的意识,通过走进社会大课堂,开展丰富多彩的社会实践,为全面建设社会主义现代化国家贡献青春力量。

2. 志愿精神的利他性与满足人民日益增长的美好生活需要的关系

党的十八大以来,随着我国社会主要矛盾已经转化为人民日益增长的美好生活需要和不平衡不充分的发展之间的矛盾,我们党带领人民着力解决发展不平衡不充分问题,更好满足人民在经济、政治、文化、社会、生态等方面日益增长的需要,使中国特色社会主义道路不仅成为塑造中国奇迹之路,成为推动人的全面发展和满足人民美好生活的向往之路,也成为引领人类文明交流互鉴的时代精神之路。想让人民群众幸福,便要满足人民群众的物质性需求、社会性需求和心理性需求。提供情绪价值,便是通过对方做一件事给足鼓励和支持,让对方有干劲,这样会产生满足感和获得感。从"特困区""穷县",到"殷实富裕县",从"敢向绝壁要天路"到百姓脚踏实地地走路,改变当地贫困落后的面貌,都是靠发展的硬道理。漫漫发展征途,唯有奋斗不辍。志愿精神在新时代被赋予的使命是培育大学生,让学生明确志愿服务大有可为,青春当属志愿红。学生应将个人梦融入国家梦,厚植家国情怀,在学校期间夯实基础,淬炼本领,毕业后到社会大舞台上,用心、用情、用力加入志愿服务中。

3. 志愿精神的利他性与推动人的全面发展和社会全面进步的关系

人民群众对美好生活的需要是一个动态发展的过程,人的全面发展也是一个不断发展的过程。弘扬志愿精神,关键在于落实。近年来,涌现了很多扎根基层的"草根"干部,他们深耕不辍,久久为功,在田间地头寻找解决办法,俯下身子向百姓请教学习,通过打磨技能,与人民群众吃在一起、干在一起、学在一起。例如,桐乡市湖羊养殖乡深耕不辍的土地专家,通过志愿服务在寻常百姓家探索发现,在乡村教育中应探索创新型课堂教学模式,切实做好志愿服务工作,以满足人民群众的期望。

于社会而言,便是汇聚起时代暖流,知行合一,画出人人参与,人人享有的同心圆。志愿服务这幅画卷展现了志愿红在新时代大有可为,关爱老年人的职业知识,守护绿水青山的专业素养,助力乡村振兴的农业农村发展规律,只有具备精细化水平和专业技能,广泛弘扬奉献、友爱、互助、进步的志愿精神,才能释放正能量,绽放志愿服务各行各业的风景线,促进全社会发展。

4. 新时代大学生志愿精神体现了构建人类命运共同体的世界情怀

青年志愿者携手同行，让志愿服务之风吹遍神州大地。从守望相助、传授种植技术的“葡萄架下”志愿服务队，到立足调查研究、助力乡村振兴的生生不息，青科乡梦“绿海飞扬”志愿服务队，从扎根基层、挥洒青春的支教团队，到“农事在农家”惠民志愿服务项目，都展现了由无私奉献渲染的志愿红。

奋进新时代，新时代大学生要秉承人类命运共同体的理念，点亮无私奉献之光，架设互帮互助之桥，传递博爱、大爱火炬，将志愿精神融入灵魂，沁润心田，在危机时刻，风雨同舟、共克时艰，展现无私无畏、向阳而生的志愿服务精神。大学生志愿者要大力弘扬志愿精神、雷锋精神，坚定一茬接着一茬干的决心和保持一棒接着一棒跑的劲头，踔厉奋发，砥砺锐气，磨炼意志。青年一代要秉热血、捍卫志愿信念，让志愿精神的光芒普照每个角落。

二、志愿服务精神融入大学生思想政治教育的价值意蕴

青年大学生开展志愿服务要扎根基层、深入一线，在工作岗位的方寸平台全身心投入，关爱奉献、尽忠人民、服务社会，才能彰显出志愿精神融入大学生思想政治教育的成效。大学生在点滴如沧海一粟的努力奋进中，汇聚成川流不息的江河湖海，传递献爱心，传播正能量，传承志愿服务的精神。志愿服务大有可为，大有必为，青春当属志愿红。志愿服务精神如徐徐升起的朝阳般照耀人民群众，得到人民的认可和社会认同。大学生用实际行动彰显了责任意识和使命担当，传递出坚定理想信念的能量；展现出无私大爱的胸怀和进取拼搏的锐气，激发了全社会积极向上的精神。

(一)高级思想政治课要以政治认同教育为中心，弘扬志愿精神，助力当代大学生长志气、树理想

给“拔节孕穗期”的当代大学生增添鲜明的政治底色，学校要将志愿精神融入大学生思想政治教育中，大力弘扬“奉献、友爱、互助、进步”的志愿服务精神；以新时代文明实践为阵地，组织大学生参与“志愿服务送关爱，文明实践树新风”志愿服务，大学生“三下乡”社会实践活动，普法教育、保护环境、助力乡村等志愿服务，使他们切实了解群众需求，转变身份，从“校门”跨进“基层农门”，再到打开“群众家门”。大学生在志愿服务过程中也会遇到困难，只要红心向党，确立坚定的政治

立场、明晰正确的政治方向，通过矢志不渝的奋斗就能逐梦前行。用一本本工作日志和成长体会与一次次脚下泥泞及衣襟汗水见证青春年华。

青年一代要立大志，树立远大理想，通过体验志愿服务，坚定理想信念，从追随光，扎根基层、服务群众，奔赴志愿服务的基层一线，满怀施展才干的热情，努力用汗水书写无悔青春；要靠近光，实践笃行，向阳而生，深入田间地头，用脚丈量土地，深入实践，了解世情、国情、党情和民情，始终保持对志愿服务的热爱；并热情回馈人民群众，在基层广袤的田野上踔厉奋发、笃行不怠；要成为光，砥砺前行，落地生根，开花结果。

加强思想政治课教师、辅导员对于大学生的思想引领建设，搭建志愿服务阵地，让学生在需要的地方大展宏图，保持干事创业的坚定信念；开辟志愿服务发展路径，通过体验志愿服务，引导学生沉下心、扑下身，融入群众，做到件件有着落，事事有回音。大学生应勤学苦练，成为能坐下来写、稳下来干、站起来说的新时代青年志愿者。高校真正实现全方位育人，充分发挥协同效应，以合力育人意识驱动奋斗“加速度”，培养新时代有为志愿青年。

（二）以价值引导为重点，助力当代大学生长骨气、强意志

高校承担着把大学生思想政治教育融入社会实践、志愿服务等活动的重任，培育和践行社会主义核心价值观，引导师生用实际行动证明志愿精神永不过时。

青年人的骨气体现在壮筋骨、敢担当、有力量。引领学生参与“大思政”沉淀“微课堂”，体验“小课堂”走进“大社会”，如开展学雷锋活动，学雷锋精神奉献爱心。高校应组织学生深入社区开展“雷锋精神绽放新光芒”团日活动，大学生志愿者在进行志愿服务时，与敬老院的老人倾听交谈，关心老人身体状况，增强志愿服务的获得感。

高校应培养学生“把人民群众当亲人”的为民情怀，由此学生内心深处便会更加深刻地感受到赤诚心向党，青春不迷茫。走进基层，深入志愿服务，会让大学生志愿者紧跟党走的信念更加坚定。在实践过程中用心聆听党的声音，用心感知党的温度。

高校应开展清理环境卫生、宣传知识法规、开展文明劝导等志愿服务，有助于大学生强筋壮骨、磨炼意识，为大学生毕业后在工作岗位面临困难时，勇于攻克难题打下基础。高校将志愿精神融入大学生思想政治教育时，需要以更生动立体、更富有针对性的形式将思政元素与实践育人各项活动有机结合，引领广大青年学子

用青春热血传递思政“大能量”，在强化使命担当中淬炼青春底色。鹰击天风壮，鹏飞海浪春。大学生可通过志愿服务坚守崇高理想，践行奉献精神，自觉服务社会、服务人民。

（三）以创新培养为核心，助力当代大学生蓄底气、增本领

新时代青年通过志愿服务练就真本领，带着使命担当加入“三支一扶”“特岗教师”“西部计划”项目中，到祖国需要的地方扬帆起航，破浪而行。治国经邦，人才为要。大学生志愿者和扎根基层的青年干部以“攻坚克难，迎难而上”的实干之姿，燃起“踏平坎坷成大道，越是艰险越向前”的奋斗星火。

他们默默耕耘，日夜鏖战，用笔杆子写出田野的故事，把初心镌刻在大地上。从为人民群众实现“筑梦星河”，圆梦太空的王亚平，到“用苦干播种大地”，精细化菌草技术的林占熺，再到“做就做到最好，做就做到极致”，在焊花中追求卓越的艾爱国。他们的事迹正激励着大学生磨炼意志，知行合一，勇于创新，甘于奉献，学好真本领。大学生培养“长本领”，就业便“有底气”。大学生应不断增强稳扎稳打的脚力、洞悉灵敏的眼力、善于思考的脑力、坚劲挺拔的笔力，成为高素质、复合型的人才。

三、培育新时代志愿精神，培育文明新风

大学生志愿者用接地气、暖人心的志愿服务与人民群众联系，通过清理卫生、垃圾分类、支农支教、社区治理等服务，加强品德修养，塑造综合素养。大学生志愿服务使学生们感受到了凝聚力、向心力，培养了他们的家国情怀，体现了他们的主流价值。实现志愿精神和大学生思想政治教育的双向奔赴，使大学生志愿服务活动更具深度，更有高度。

（一）固本强基，强化文明实践志愿精神的培育意识

青年大学生的无私奉献彰显了责任担当，用爱心暖人心，体会志愿精神的价值和意义。为激发青年志愿者的责任意识，大力弘扬志愿精神，学校可以从以下三点做好大学生思想政治教育工作。

一是学校应加强大学生理论学习，使他们坚定理想信念，做到心中有信仰。学校应建立青年理论学习小组，让理论学习“动”起来；开展“思想淬炼，政治底色，实

践历练,专业素养”学习活动,通过组织理论学习“经典诵读”倾听栏目,撰写学习心得体会并进行交流研讨;建立线上微信学习交流平台,实时推送“文明实践”“志愿者风采”“生态环保”“自然科普”“实践探索”等栏目内容,教育引导青年大学生提升思想境界,树立崇高信仰信念,用理论指导实践,增强理论学习的积极性和实效性。

二是学校应发扬志愿精神,使学生做到肩上有担当。学校应组织青年大学生开展志愿服务活动,通过志愿者走进社区慰问敬老院老人、科普知识进校园、服务企业等志愿活动,助力基层发展;通过关怀慰问敬老院的老人,帮助老人打扫卫生,日常照料生活,搭建文化舞台,唱红歌、表演舞台剧、戏曲等节目,营造敬老、爱老、助老的浓厚氛围;在义务支教中为留守儿童献爱心,通过捐赠书籍,开展“大手牵小手”植树活动,让孩子们感受到来自大学生的关怀友爱;开展科普知识进校园活动,结合相关专业,为社区、中小学幼儿园的学生,科普校内标本馆、校史馆相关红色文化基地知识,带领学生遨游知识的海洋;深入企业,开展校企联合,建立大学生实践基地,让大学生进入企业实习实践、锻炼能力,在学会本领的同时为企业激发活力,助力企业发展;鼓励大学生相互交流学习,总结现状,畅想未来发展前景,将个人梦融入国家梦,培养家国情怀。志愿服务展现了新时代大学生擦亮青春底色,激发青春力量的校园文化精神,为创建文明校园贡献了力量。

三是学校应建设青年队伍,做到奋进有力量。青年一代要有过硬的本领,展现出朝气、锐气,才能渲染“志愿红”,传承志愿精神。青年一代应学习雷锋精神,争做雷锋志愿者,这样才能像艳阳照耀下的花朵一样艳丽。志愿者们应汇聚星火,高举热血澎湃的火炬,在学校的港湾打牢理论功底,在基层一线磨炼本领。学校应开展“树先进典型,深化榜样引领”的志愿者培训会,从日常办公、科普知识、宣传效果、文明创建、生态保护,到乡土文明、科技创新、防诈骗宣传、沟通技巧等方面进行教授,积极联合社区打造新知识微讲坛,为学生们普及知识,使他们树立正确的价值观。学校应通过建立理论宣讲团,深入挖掘优秀志愿者,宣传个人优秀事迹。

学校应以生动形象的案例讲解志愿者服务的技能和志愿服务的事迹,激发大学生服务意识,营造新时代志愿精神,弘扬雷锋精神;开展专题讲座,从“中国好医生”“中国好教师”“巾帼志愿服务”“十大感动人物”的角度开展宣讲,引导大学生汲取榜样的力量,实现自身成长和领悟雷锋精神的双重引导。

(二)提升培育实效优化志愿精神培育环境

学校应将志愿服务深度融入党的建设、乡村振兴、社会治理等方面,有效提升学生的获得感、幸福感、安全感。

一是学校应多维组合，打造文明实践新矩阵。学校应结合政务服务中心、党群工作部、文化广场、文化活动站、红色基地、党史教育基地等资源，利用好新时代文明实践阵地。学校应结合生态文明建设、文明城市共建、助农兴农、支教助学等工作广泛开展“美化城市环境，打造宜居生活”“有志青年学雷锋、情满文明城市”“志愿服务沁人心、培育时代新风貌”等系列主题志愿服务活动。前期宣传动员时，通过设置招募志愿者专栏，发布“赓续薪火志愿永相传”志愿者招募通知，广泛动员大学生积极参与到社会和基层服务中，亲身体验辛苦之余的感触，心怀国家，把汗水挥洒在志愿服务的大舞台上。在准备阶段，需要请教有过基层服务经验的老师、同事、同学，学习志愿服务的技巧和方式方法，尤其是在教授中小学生课程的过程中，应该以润物细无声的方式传递教学思想，比如使用 PPT 授课，增加互动环节，共同描画智慧树。进行“大手牵小手”植树造林主题党日活动，既达到保护生态环境的理念，又带领学生亲手种树，树立植树造林环保理念。学校应设立政务服务中心增加一窗通办窗口，为志愿者开展培训，凝练业务知识，将业务熟记于心，更好地为群众提供帮代办、邮寄办等服务，真正为群众解难事、办实事。

二是学校应凝聚力量，营造良好志愿服务良好发展环境建立专业化、规范化的新模式，打造全方位、多维度的青春之风志愿服务，激发大学生参与志愿服务的热情；打造理论宣讲入寻常百姓之家文化活动站，通过线上线下前期宣传的方式营造良好的志愿服务氛围，制作“志愿服务帮大家，文明实践你我他”的宣传海报，创建文明校园、打造优质生活的公益广告，分发志愿服务宣传单，运用 LED 屏、条幅展板等媒介宣传展示文明标语，提高大学生对志愿服务的了解；真正聚焦群众的需求，切实解决群众困难，丰富以群众精神生活为主题的志愿服务载体；联合新闻媒体深入街道社区等基层对志愿服务活动的开展情况进行采访报道，利用微信、微博等新媒体扩大宣传范围，营造良好社会氛围。

三是学校应多层次参与，全方位覆盖，为传承志愿精神赋能增效；积极打造“弘扬志愿精神，凝聚奋进力量”的氛围，让志愿红的身影活跃在每一个群众需要的地方，坚持以群众需求为导向，常态化开展异彩纷呈的志愿服务活动，提高志愿服务精细化水平和专业水平；协调广大志愿者参与环境卫生整治志愿活动，如在社区居民楼、公交站等地清除小广告，清理环境卫生，或清理社区、广场、公园等地垃圾，并向群众宣传保护环境的理念；让大学生志愿者与乡镇、街道、社区“双向奔赴”，通过深入敬老院与困难弱势群体家庭开展关爱服务，让志愿服务精神微光成炬，温暖人心。大学生可以在志愿服务过程中为居民讲解垃圾分类知识;帮助调解矛盾,舒缓邻里关系;帮助群众进行政策解读,了解时事政治,共同进行理论学习。学校可以开展禁毒宣传、防诈骗宣传,组织学生观看警示教育视频,普及青少年权益维护等文明实践志愿服务活动。志愿服务活动能够全面提升居民的幸福指数,为弘扬志愿精神厚植土壤。

(三)健全育人体制机制,培育高质量人才

一是学校应积极打造优秀志愿服务项目,推动志愿服务提质增效;精心组织系列志愿服务实践活动,重点打造文艺志愿服务、扶助民生志愿服务、科技志愿服务、送教上门志愿服务、文化和旅游志愿服务等项目,通过辅导培训、慰问演出、家访支教、捐赠书籍等形式,推动形成全社会广泛参与关爱服务的格局,凝聚社会力量促进学生健康成长、全面发展。

二是学校应有效整合多方资源,积极打造志愿服务新模式;深入挖掘和阐发志愿服务精神的时代价值,以创造性转化、创新性发展传递深厚文化底蕴,开展“弘扬东北抗联精神,传承红色基因”,乡村振兴走基层,青春聚力正当时“三下乡”实践活动,依托抗战遗址、烈士陵园等红色资源,打造红色文化育人的先行实践地和重要示范地;创新志愿服务内容与形式,不断探索创新工作模式,坚持组织开展形式多样、科学有益、内容丰富、生动有趣、喜闻乐见的志愿服务活动,着力提升服务能力,用心、用情、用力推进关爱群众服务;发挥专业优势与志愿服务深入融合,组织大学生志愿者深入田间地头、企业工厂、机关单位,体验基层工作,倾听民声,了解民意;进行调查研究,开展实地调研,进行研讨交流,推动成果转化,助力企业发展,乡村振兴;通过新模式有效提升群众的获得感、幸福感、安全感,从而实现以获得感赋能大学生志愿服务。

三是学校应分层级建强实践主体,夯实志愿服务基础;在思想政治课程中通过结合现实开展思想政治教育,讲授志愿者服务的事迹,能有效培养大学生的家国情怀;积极动员广大志愿者加入服务队伍,壮大志愿者服务团队,通过广泛宣传,激发大学生志愿者将个人梦融入国家梦,培养心怀天下之情;通过精彩的案例为大学生讲解志愿服务的点滴故事,激励志愿者积极奋斗,继续书写志愿服务的新篇章;加强骨干选拔,在志愿者中选树先进典型,发挥示范引领作用,重点选择熟悉一线、热爱基层、群众认可度高的人员,牵头组建志愿服务队伍,开展一对一结对子、传帮带工作;坚持开展多层次培养,以实践与培训相结合的方式强化志愿者专业技能和管

理能力,不断提高志愿者的服务意识,提升服务能力和服务水平。

四、当代大学生志愿服务精神培育研究

青春因奉献而精彩,人生因奋斗而升华。奉献精神永不过时,正是有了奉献精神,中国人民才能在艰难困苦中逆流而上,在逆境中成就自我。志愿服务精神是与当代大学生的发展紧密结合在一起的,培养志愿服务精神有助于大学生个人全面发展,有助于弘扬社会主义核心价值观,有助于中国梦的实现。

(一)志愿服务精神的内涵

志愿服务精神包含奉献、友爱、互助和进步等核心要素,是一种崇高的精神追求和价值取向。大力普及志愿服务理念、弘扬志愿服务精神,有利于激励当代大学生积极为社会发展贡献自己的青春才智。

"奉献"是指志愿者在志愿服务实践中服务社会、不求回报的一种价值追求和高尚的道德信念,是超出物质范畴从而实现人生价值的一种方式,"奉献"是一种无私的爱,它对于丰富我们社会的物质和精神财富有着巨大的推动作用,是一种宝贵的精神财富。

志愿服务的"友爱"是指在志愿服务实践活动中志愿者能够友善待人、尊重彼此。只有在志愿服务活动中积极践行"友爱"的深刻内涵,才能让志愿服务对象感受到人文关怀。

马克思、恩格斯曾指出,"人是一切社会关系的总和。""全部社会生活在本质上是实践的。""互助"是个体社会关系向人类社会关系发展的必然要求,人与人只有在交往过程中互帮互助,才能够排忧解难,向前发展。总而言之,"互助"精神能真正唤醒社会成员内心的慈善与仁爱,使之能够持之以恒地为整个社会做贡献。

志愿服务精神中的"进步"所呈现的是一种乐观、进取的精神风貌。它具备两层含义,一层是通过参加志愿服务实践活动可以帮助志愿者提升志愿服务意识,进而促进社会文明健康发展;第二层是志愿者在志愿服务活动过程中通过帮助他人,实现自身的社会价值。新时代中国社会主义现代化包含着个人进步、社会进步、国家进步和人类共同进步的鲜明指向。作为志愿者要想在志愿服务活动中顺应时代发展要求,就应该结合自身实际情况,将"小我"自觉融入"大我"之中,发挥自身应有的优势,积极参与现代化建设,不断发扬志愿服务的"进步"精神,贡献自己的青

春力量。

志愿服务精神是一种价值观念。它强调个人对社会的责任,引导人们通过参与志愿服务活动树立社会责任感,以营造更和谐友爱的社会环境,为社会进步贡献自己的力量。

(二)培育大学生志愿服务精神的意义

1. 有利于促进大学生个体全面发展

志愿服务精神有助于促进大学生个体全面发展。习近平总书记指出“要强化社会责任意识、奉献意识”,同时指出,“青年兴则国家兴,青年强则国家强。”首先,培育志愿服务精神有助于提高大学生的社会责任感,让广大青年大学生铭记自身肩负的时代使命和社会责任。青年大学生的发展情况与所具备的素养和能力对于社会进步和国家发展的影响是巨大的,对大学生进行志愿服务精神的培育不但可以让青年大学生了解并深刻掌握志愿服务精神的深刻内涵,还可以调动大学生参与学校、社会志愿活动的积极性,在实践活动中练就服务意识,强化社会责任感。例如,各高校为培养学生志愿服务意识、提高社会责任感,所举办的“三下乡”社会实践、线上云支教、大学生爱心助老、关爱留守儿童等志愿服务活动,使得大学生在帮助他人的同时体会到快乐,给自身带来获得感。其次,培育大学生志愿服务精神,有助于形成乐于奉献的价值观,增强服务意识。培育新时代大学生志愿服务精神不仅是简单的理论说教,更多的是要求广大青年大学生积极参加社会志愿服务活动,在实践中磨炼自己的意志品质。开展对于大学生志愿服务精神的培育有助于提高大学生的综合素养,提升道德品质。在志愿服务实践活动过程中,大学生通过自身的付出,不但能够为他人排忧解难,而且能够在精神上得到满足,进而提升大学生思想觉悟和精神境界,促使大学生人格完善,真正成为德智体美劳全面发展的、适合时代需要的人才,并且还有助于提升大学生的能力素质。培育志愿服务精神,通过实际行动让大学生在实践中切身感受,通过实践的历练不断增长真才实干,收获学习、生活上的技能,帮助自身全面提升,更好地适应社会的需要。大学生在学校学习的理论知识与社会实践会有所差异,可以通过志愿服务实践活动发现问题、解决问题,真正做到学以致用。

2. 有利于促进社会进步

志愿服务精神与中华优秀传统文化一脉相承,与社会主义核心价值观相契合。志愿服务精神的发展是社会精神文明进步的重要体现。中华民族有着助人为乐的优秀文化传统。开展志愿服务实践活动可以营造“奉献、有爱、互助、进步”的社会氛围,并将这些精神传承给大学生,提升大学生对中华优秀传统文化的认同感、获得感和归属感,提升大学生的文化素养。发展志愿服务精神有助于弘扬优秀传统文化和社会主义核心价值观。其一,开展志愿服务实践活动能够促进社会公平与正义。大学生志愿者们在进行服务活动时会比较关注社会上的弱势群体和热点话题,通过自身的实际行动和努力付出为改善社会现状贡献力量。比如在教育领域,大学生志愿者们结合自身专业所学通过支教、爱心课堂等形式,让更多的孩子接受教育,这在一定程度上解决了教育资源分配不均的问题,有力地推动了社会公平与正义的实现。其二,开展志愿服务实践活动能够推动社会进步与创新。大学生志愿者们用实际行动彰显了责任意识、使命担当,在志愿活动中敢于挑战、勇于创新,为社会进步提供了源源不断的动力。随着社会的发展,社会问题日益复杂多样化,需要更多有社会责任感和使命感的年轻人参与到社会建设中来。通过参与志愿服务,大学生能够培养自身的社会参与意识,激发他们对社会发展的关注和热情,培养他们主动参与社会治理的能力。志愿服务不仅是大学生实现自我成长的重要途径,更是他们参与社会建设、推动社会进步的重要方式。其三,开展志愿服务实践活动能够强化社会的凝聚力和认同感。在志愿服务过程中,大学生需要与不同背景、不同需求的人群进行交流和合作,这有助于培养大学生的沟通能力、团队合作能力和领导能力。同时,志愿服务还能够拓宽大学生的视野,增加他们对社会的了解,促进其个人成长和发展。同时,志愿者通过服务社会,增强了对社会的认同感和归属感,有利于构建和谐社会。

3. 有利于促进高校落实立德树人根本任务

志愿服务是高校加强和改进实践育人的重要载体。高校可以通过形式多样的志愿服务活动,将志愿服务精神融入日常教育,促使大学生将志愿服务精神外化于行,内化于心。创新大学生思想政治引领工作,探索新时代志愿服务长效机制,进一步强化学生的服务意识和实践能力,增强志愿服务的育人实效。

志愿服务精神的培育能让大学生在实践育人、志愿育人过程中突显责任担当、提升精神追求,更好地成长为有理想、敢担当、能吃苦、肯奋斗的新时代好青年。高校培育大学生的志愿精神不仅可以帮助大学生锻炼自身、提升思想道德水准,还可以丰富高校思想政治教育的内容,提升高校思想政治教育实效性,更好地落实立德树人的根本任务。

(三)大学生志愿服务精神培育的实践路径

1. 强化大学生志愿服务精神的自我培育

马克思指出:“人的本质不是单个人所固有的抽象物,在其现实性上,它是一切社会关系的总和。”人在社会中作为“特殊社会关系存在物”,必然要处理自己与他人、与社会之间的关系,志愿精神反映的就是人们处理这些关系的基本原则和指导思想。一方面,大学生应强化志愿服务精神的理论知识学习。思想政治课是大学生学习志愿服务精神的方式之一,大学生无论是在专业课程还是在公共课程中都要严格约束自己,认真上好每一节课,树立正确的价值观念,养成良好的道德品质,不断提高自己的思想觉悟与政治素养,以更好的知识储备和道德素养全面而深刻地理解志愿服务精神的实质和丰富内涵,并以积极的态度投身志愿服务活动之中。另一方面,新时代的大学生应注重志愿服务实践层面的自我教育。在学好自身专业知识的基础上,新时代的大学生应积极参与志愿服务活动,树立服务意识,积极向身边优秀的老师、同学学习,起到模范榜样的作用,积极与同学交流在志愿服务活动中的心得体会,进而加深对志愿服务的深层次理解。

营造培育大学生志愿服务精神培育的氛围可以从以下三点出发。第一,汇聚社会多方力量,打造协同发展模式。培育和践行志愿精神离不开政府、社会组织和高校的合力支持,因此,要探索建立以高校为主导,政府、社会组织等共同参与的协同发展模式,以此提升和强化学生参与志愿服务的积极性与外在驱动力。政府要出台相关政策引导支持大学生参与志愿服务,通过设立志愿服务专项经费等方式,为志愿服务持续发展提供有力支持;社会组织可以同高校建立长期合作关系,通过提供志愿服务岗位和建立志愿服务基地来支持大学生广泛参与;高校要结合学校实际情况,建立和完善学生志愿服务的招募、培训、保障和褒奖等方面的具体制度,依靠现有的组织和社团对志愿服务活动进行整合优化,统筹安排。第二,创新志愿服务活动形式,强化实践育人效果。当前大学生志愿服务活动普遍存在形式单一、内容简单、创新性不足等问题,这使得大学生难以真正在志愿服务活动中提升自己,进而导致参与志愿服务的积极性不高。针对上述情况,高校应当发挥主体作用,积极创新志愿服务活动形式,结合高校优势及当地实际情况推出高质量的专业性志愿服务活动,定期联合社会组织开展专业培训,助力大学生全面发展。第三,完善相关制度体系,优化志愿服务环境。一是要完善相关监督反馈机制,高校和社会组织可以借助各类线上线下平台,全过程监督大学生志愿服务活动并对其进行考察与评估,及时回应和处理活动中出现的问题,对志愿服务活动进行常态化革新;二是要建立志愿服务激励机制,以大学生的实际需求为出发点,科学合理地制定激励机制,并运用多层次奖励形式,实现精神激励与物质激励相结合;三是要完善志愿服务保障机制,既要明确志愿者的权利和义务,也要要求各类志愿者组织机构必须与志愿者签订志愿服务协议,从多维度保护大学生志愿者权益不受侵犯。

2. 高校系统组织志愿服务活动

第一,注重将大学生志愿服务精神融入课堂教学中。学校把志愿服务纳入教育教学是培育大学生志愿服务精神的重要途径,其在培育大学生志愿服务精神方面发挥着至关重要的作用。学校是大学生的主要成长场所,通过学习志愿服务精神,可以帮助学生树立正确的志愿服务观念,培养他们的社会责任感和奉献精神。首先,学校应该将志愿服务纳入课程设置中。通过开设相关的志愿服务理论课程和实践课程,让学生可以系统地学习志愿服务的相关知识和技能,了解志愿服务的意义和目的,培养志愿服务的意识和能力。同时,学校还可以组织学生参与各类志愿服务活动,让他们在实践中感受到奉献和服务的快乐,增强他们的社会责任感和使命感。其次,学校应该注重对学生的思想教育。除了进行课堂教学外,学校也可以通过丰富多样的思想政治教育活动,加强对学生的思想引导,引导他们树立正确的人生观和价值观。志愿服务是一种崇高的社会行为,学校可以通过宣传志愿服务的先进事迹,激发学生的参与热情,让他们认识到志愿服务对于社会的重要意义,从而激发他们的奉献精神。再次,学校还应该建立健全的志愿服务组织机制。学校可以设立专门的志愿服务组织或者部门,负责组织、协调和管理学生的志愿服务活动,提供志愿服务所需的资源和支持。志愿服务组织可以制订详细的志愿服务计划和方案,明确志愿者的任务和责任,确保志愿服务活动的顺利开展。同时,志愿服务组织还可以建立志愿服务档案,记录志愿者的服务时长和服务内容,为志愿者的绩效评估提供依据。最后,学校应该加强对志愿服务活动的监督和评估。学校可以设立专门的监督机构或者委员会,对志愿服务活动进行全程监督,及时发现和解决问题。同时,学校应定期对志愿服务活动进行评估,总结经验,改进工作,提升志愿服务活动的质量和效益。

第二,在社会实践中强化大学生志愿服务精神。大学生从课堂中学习到的知识、技能必须要得到运用和施展,才能将认识外化为行动。社会实践是大学生志愿服务精神培育的重要途径之一。通过参与各类社会实践活动,大学生可以接触到社会的各个层面,增长见识,增强社会责任感和使命感。在社会实践中,大学生可以结合自身专业知识和技能,为社会发展贡献力量,同时也可以提升自身的综合素质和能力。参与社会实践可以帮助大学生增强社会责任感。在社会实践活动中,大学生将直接面对社会中存在的各种问题和挑战,深刻意识到自己作为一名社会成员应该承担的责任。通过参与社会实践项目,大学生可以体会到自己的行为和选择对社会产生的影响,从而激发出他们的社会责任感和使命感。参与社会实践还有助于提升大学生的实践能力和创新能力。在社会实践项目中,大学生需要运用自己在课堂上学习到的知识和技能,解决实际问题,完成任务目标。这种在实践中学习的方式不仅能够加深大学生对知识的理解和掌握,还可以培养大学生的创新思维和解决问题的能力,提升他们的综合素质和竞争力。

第三,构建高校志愿服务体系。高校应组织青年学生参加志愿服务,志愿服务是实现立德树人、实践育人的重要载体和有效途径,通过构建志愿服务体系,引导青年学生自觉传承、弘扬雷锋精神,主动把个人追求融入党和国家事业之中,为中国式现代化全面推进中华民族伟大复兴的使命任务汇聚磅礴力量。首先,多线贯通,夯实组织体系。一是上下联动,高校应成立由校团委具体指导的青年志愿者协会,下设青年志愿者行动指导中心和院系青年志愿者分会;二是全面覆盖,建设以学科优势为导向、社会公益为重点的特色志愿者服务队和公益类学生社团,在班级团支部设立劳动委员和志愿服务委员;三是多方协作,搭建校地共青团组织联席工作机制,实施"大学生社区挂职"计划,选派优秀青年学生赴街道、社区兼任团组织副书记,与学校周边社区形成长期结对的共建关系,建立青年志愿服务实践基地,促进与地方的良性互动。其次,高校应完善课程体系,建立健全大学生志愿服务培训体系,以思想政治为先导、课程培训为抓手,有效提升志愿者服务能力。一是坚持思想引领,结合主题教育实践活动,开展理想信念教育和爱国主义教育,引导青年志愿者深刻领会"志愿服务要同'两个百年'奋斗目标同行"的精神内涵;大力弘扬"奉献、友爱、互助、进步"的志愿精神,引导青年学生在志愿服务实践中涵养"致知无央,充爱无疆"的精神追求;二是设置专业课程,推动志愿服务融入课程体系,开设通识教育选修课、志愿服务线上公开课等专业课程;三是加强培训指导,举办志愿服务工作专题研修班,组织团干部、青年志愿者协会学生骨干定期展开研讨。鼓励专任教师和辅导员队伍参加指导志愿服务实践,建立校级志愿服务专家人才库,为志愿服务发展提供智力支撑。再次,强化激励,健全保障体系。高校应完善精神激励与物质激励相结合的保障机制,最大限度地调动志愿者的积极性和主动性,有力推动青年志愿者平稳、优质、高效地完成各项志愿任务。一是强化制度激励，高校应印发出台相关文件，规范组织管理、时长认定和激励回馈，将青年大学生年度志愿服务时长作为奖助评优等选拔的重要考察内容，纳入劳动教育必修课实践学时的认定范围；二是强化示范带动作用，高校应充分发挥先进典型的示范引领作用，开展志愿服务评选活动，集中表彰一批志愿服务先进个人和先进集体，让优秀志愿者成为校园明星；三是强化物资保障，高校应加强志愿服务活动所需经费、保险等条件保障，设立学生志愿服务工作专项经费，为志愿者购买相应的人身意外伤害保险，并提供用餐、交通等补贴；推出深受青年大学生喜爱的志愿者服装、伴手礼和文创产品，上线志愿服务积分商城，让志愿者可以根据服务时长兑换文创产品。

第二节　大学生“三下乡”社会实践活动

一、“生生不息，青科乡梦”大学生暑期“三下乡”社会实践调研报告

（一）实践概述

为全面贯彻落实党的二十大精神，学思践悟习近平总书记关于青年工作的重要思想和关于“三农”工作的重要论述，进一步扩大学生社会实践的覆盖面、参与度、影响力，学校应引导和帮助广大青年学生在与现实相结合的“大思政课”中“受教育、长才干、做贡献”；引领学生厚植爱农情怀，练就兴农本领，在乡村振兴的大舞台上建功立业。为此，牡丹江师范学院生命科学与技术学院“绿海飞扬”志愿服务队紧紧抓住大学生暑期社会实践良好契机，组建“生生不息，青科乡梦，乡村振兴促进团”志愿团队，带领青年大学生走进牡丹江市英格岭经营所，开展形式多样的社会实践，为乡村振兴注入强劲活力。

一直以来，生命科学与技术学院紧紧围绕服务学校思想政治工作和立德树人根本任务，积极探索“互联网+社会实践”新模式，开拓“线上+线下”的多元化活动阵地。“绿海飞扬”志愿服务队立足学院特色、发挥专业所长、结合当地特色，传播践行使命，挂牌成立生命科学与技术学院大学生社会实践基地，促进“‘小灯笼，大能量’——打造锦灯笼深加工产业领航者”“绿海飞扬生命教育小课堂——五色教

育课堂”创新创业项目落地;围绕红色文化、植物科普、助农振兴、志愿服务等方面开展形式多样、内容丰富的社会实践活动;多次组织林场职工、志愿者进行研讨、交流和论证,完成了问卷编制、访谈提纲设计等工作。志愿服务队抵达英格岭经营所后,召开了全体志愿者工作会议,围绕调研目的、调研主题及如何开展调研等问题进行阐释和部署。调研组共发放问卷 225 份,回收有效问卷 201 份。结合问卷数据,志愿者们撰写了调查研究报告。学院通过志愿活动这一良好契机,以英才做好实践,以实践培育英才,引导学生立志做有理想、敢担当、能吃苦、肯奋斗的新时代好青年。

本次社会实践活动得到了英格岭经营所的肯定、指导和期许,并受到《东林局资讯》《黑龙江日报》《龙头新闻》《生活报教育》等多家主流媒体的报道。团队实践的宣传文章经校团委、院学生会转发推送总阅读量、点赞总数倍增,宣传效果显著。

(二)实践缘起

1. 政策背景

为认真贯彻落实《中央宣传部等部门部署开展 2023 年文化科技卫生“三下乡”活动》《中共中央国务院关于做好 2023 年全面推进乡村振兴重点工作的意见》《关于开展 2023 年全国大中专学生志愿者暑期文化科技卫生“三下乡”社会实践活动的通知》等指导性文件,生命科学与技术学院“绿海飞扬”志愿服务队深入牡丹江市英格岭经营所开展丰富多彩的社会实践,带领学生探索国情、社情、民情,旨在引导青年学生在社会实践的大课堂中受教育、长才干,从而为乡村振兴提供智力支持和人才支撑。上述文件为本次以“生生不息,青科乡梦”为主题的“三下乡”社会实践的顺利开展提供了重要支持。

2. 地方背景

英格岭经营所位于黑龙江省牡丹江市宁安市东京城林业局南部,坐落在美丽的镜泊湖畔。英格岭经营所是闻名全省的“莺歌岭新石器文化”发祥地,遗址距经营所仅 1.5 千米,出土了陶猪、石镞等珍贵文物。它也是一个以营林生产为主的单位,林区面积广大,有丰富的林业资源。林场过去通过采伐木材支持国家建设,现在则植树造林为国家储备森林资源,保护生态环境。这里的野生动物和野生植物资源也非常丰富,为志愿者提供了很好的学习交流平台。

在红色旅游发展方面,施业区内有莺歌岭战斗遗址和陈翰章烈士牺牲地,陈翰章烈士纪念园距经营所 12 千米,经营所内部还建设了“莺歌岭文化展厅”。

英格岭经营所为师生深入田间地头，体验乡村振兴最新成果和深入调研，提供了广阔的发展舞台，为乡村振兴和强国建设贡献了力量。

3. 志愿者背景

“绿海飞扬”志愿服务队成员均为生命科学与技术学院院系学子，包括生物科学、生物技术、制药工程、园艺专业，通过多专业的碰撞融合，为“三下乡”社会实践活动提供新鲜血液和智力支持。

生物科学专业的学生具有丰富的理论知识，作为师范专业的团队成员具有专业的教研能力和宣讲能力。生物技术专业的学生掌握了生物科学与技术的基础理论、基本知识和基本技能，在英格岭林区内可以更好地突出专业优势，实现从实验室到自然环境实际操作的突出性转化。制药工程专业的学生主要学习化学、生物学、药学和工程学等方面的基本知识和技能。林区内有很多植物都可以入药，为志愿者提供了很好的观察样本。园艺专业的学生主要学习植物繁殖、加工等方面的基本知识和技能，可以在林区了解到植物的特性。

参加此次活动的志愿者都是成绩优异、获得过奖学金和三好学生荣誉称号、学习能力强的学生。志愿者都有担任院学生干部的经历，具有较强的工作能力、沟通交流能力、组织协调能力。其中有些志愿者曾多次参加大学生创新创业大赛，具有一定的实践创新能力。

指导教师均为青年优秀教师，有丰富的学生管理经验，能更好地完成对接工作，并对本次“三下乡”活动进行专业性指导。教师与志愿者一起深入基层走访调研，凡事亲力亲为，与志愿者同心协力，组成具有高度凝聚力的团队。

（三）实践组织

1. 实践思路

（1）团队组建过程

①广泛动员：志愿服务全面覆盖。

生命科学与技术学院发起“三下乡”社会实践招募，广泛动员学院学子参加社会实践活动，经过层层选拔，最终成立“绿海飞扬”志愿服务队。本次“绿海飞扬”志愿服务队参与的青年大学生走进英格岭经营所暑期返乡社会实践活动，在校团委和各级团支部的大力支持下实现了全方面覆盖。团队立足学校资源与学院优势，根据不同专业、不同年级，实现多领域、多年级层覆盖。“绿海飞扬”志愿服务队以“生生不息，青科乡梦”为主题扩大实践宣传覆盖面，为实践长期发展提供有效保证。

②精心部署:生科青年共发声。

“绿海飞扬”志愿服务队制作全面方案,设计问卷调查,设立了“生科闪耀,理论照耀”宣讲团:宣讲进林场;领跑“小灯笼,大能量”落地创新创业项目;“生科支教行,夏日暖林心”支教活动;“粒粒皆辛苦”节约粮食活动;“生语心愿,绿海飞扬”心理咨询室;“志愿服务树新风,暖风生科助振兴”六大模块的志愿服务来开展社会实践。志愿服务队多次组织林场职工与志愿者进行研讨、交流和论证,完成问卷编制和访谈提纲设计等工作,通过林场职工与生科青年的共同努力,夯实了项目的基础。

③顶层设计:精准施策同发力。

生命科学与技术学院领导与英格岭经营所领导在本次实践前进行了交流对接工作。在交流座谈会中,双方领导针对“三下乡”实践活动交流意见并达成共识,共同搭建合作共享的平台。针对大学生社会实践目的的意义及创新创业项目的内容、活动方案、安全等问题进行了商讨,双方对整体活动方案达成共识,精诚前行,推进共建共享,携手前行。在实践出征仪式上,校领导为暑期“三下乡”社会实践活动的志愿者服务队授旗,志愿者们接过鲜红的旗帜,带着学校的期望与寄托,传承与践行志愿精神,全心全意地投入本次社会实践活动中。制药工程专业的同学带领全校志愿者进行宣誓,承诺将在社会实践活动中服从学校安排,遵守团队纪律。“绿海飞扬”志愿服务队到达英格岭经营所开展志愿服务,充分发挥各自优势,形成了同频共振、协作共赢的良好局面,从而逐步打造“校地联手、自主互动、共建共享、合作发展”的社会实践教育基地品牌。

(2)团队成员知识储备情况

团队成员均为生命科学与技术学院的学生,学习成绩优异,都是各自专业领域的佼佼者,具有丰富的知识储备和实践技能。他们能够充分发挥专业优势,展示专业特色,助力乡村振兴。

(3)团队口号及精神

口号:生生不息,青科乡梦。

精神:把乡村振兴、民族复兴作为理想信念的航向,把双脚扎进泥土里,以“咬定青山不放松”的毅力,勇挑“强农兴农”时代重担,向科学进军、向时代进军,让青春在乡村振兴的大舞台上绽放信念之花。厚植知农、爱农情怀,勤练强农、兴农本领,不断答好“三农”满分试卷。

2. 实践内容

(1)团队前期准备

基于“三下乡”活动振兴乡村的宗旨,在活动筹备之初,针对团队成员的选定,提出了一系列的要求,具体如下。

①参与活动要态度端正、有奉献精神,从思想上加入志愿者队伍,有服务农村、回报社会的热情。

②作风朴实,能吃苦耐劳。

③有较强的实践能力,能将自己所学的知识运用到实践中去,真正做到学以致用。

④有强烈的团队精神和集体意识,服从组织的安排,遵守团队一切章程,积极完成组织交给的任务。

由团队负责人精心挑选并根据“优势互补”原则,在取得学生本人同意的前提下组建了团队,团队中有组织管理能力强、社会工作经验丰富的同学,有擅长与资料整理编辑的同学,有对当地情况了解的同学,团队整体的凝聚力较强。

工作要求如下。

①统一行动,协调一致,服从指挥。

②团结合作,积极主动,互相帮助。

③谦虚踏实,吃苦耐劳,认真负责。

④尊重当地人民群众的民风、民俗,虚心学习基层经验。

⑤认真完成各项工作任务。

在团队出发前,进行团队内部的工作安排,让每一位队员都有展示自己、锻炼自己的机会,同时加强团队内部的交流活动,增进队员之间的了解,以便实践阶段工作的顺利开展。

(2)设计活动方案

本次社会实践活动的策划内容包括活动地点、服务项目、工作起止时间、要达到的实际效果等。召开成员会议,将实践活动的工作内容,更加细致地进行划分,讨论实践过程中可能会遇到的问题和困难,并初步制订具体事宜的解决方案,确定责任人。提前召集同学进行交流,对本次活动进行具体事宜安排。

(3)前期联系

学院党政班子成员、带队老师走进英格岭经营所深入调研,与英格岭经营所负责人进行对接工作,双方架起进一步推进合作的桥梁,全力推进大学生暑期“三下乡”活动顺利开展。

(四)物品准备

横幅3条、旗2支、课件PPT、插排、U盘、颜料(适量)、画笔(适量)、剪刀5把、彩带若干、气球若干、药品、小奖品、相机2台及志愿者代表发言稿(个人准备)。

宣传:做好方案、调研提纲、准备问卷,新闻稿的撰写与发布。

后勤:准备好医疗药品、应急备案、具体解决方案,负责照料队员的生活起居及健康状况。

调研:准备好方案,具体实施。

以下为各队员应自备的个人生活用品。

日常替换衣物(建议准备数件保暖衣物,以防早晚温差过大)、被子、洗漱用品、笔记本、下乡相关文件资料。

1. 实践部分内容概括

(1)授牌共建共享,赋能乡村振兴

学院为充分发挥学科优势,形成同频共振、协作共赢的良好局面,授牌英格岭经营所,共建社会实践基地,逐步打造了“校地联手、自主互动、共建共享、合作发展”的社会实践教育基地品牌。同时,也为青年志愿者提供了全新的社会实践平台,为乡村振兴赋能。

(2)学思践悟二十大,奋楫扬帆启新程

“生科闪耀,理论照耀”宣讲团面向英格岭经营所全体员工开展学习宣传党的二十大精神活动,让员工牢记习近平总书记的嘱托,坚定不移听党话、跟党走,怀抱梦想又脚踏实地,敢想敢为又善作善成。

(3)聆听老党员故事,汲取榜样力量

学生通过聆听老党员讲红色故事,学习榜样精神,分享心得体会,可以培养自身担当实干、坚韧不拔、顽强拼搏、艰苦奋斗的精神,汲取榜样力量,把思想火炬继续传递下去。

(4)弘扬抗联精神,缅怀革命先烈

组织“绿海飞扬”志愿服务队走进陈翰章烈士牺牲地与烈士陵园,感受红色阵地传递的红色精神,由志愿者讲述陈翰章生平事迹,感受革命先烈不畏艰险、英勇顽强、无私奉献的精神,体悟党的百年奋斗历程。

通过参观莺歌岭战斗遗址促使志愿者们更好地开展党史学习教育实践,也能提升林区干部职工的使命担当，做好为民办实事工作，充分发挥爱国主义教育基地功能作用，在参观红色基地中增进爱党、爱国、爱社会主义的情怀，激发前进动力。

(5)立足学科专业，深化调查研究

英格岭经营所落实全面从严治党主体责任，深化政治清明、干部清正的基层政治生态；注重生态保护，重视自然环境与可持续发展；通过志愿活动引起公众对科学研究的关注和兴趣，促进科研成果的传播和应用，充分发掘林场内现有资源，开拓创新产业。学院与英格岭经营所达成合作，依托大学生创新创业大赛项目，建设"'小灯笼，大能量'——打造锦灯笼深加工产业领航者"项目产业实践基地。同时与当地的护林员达成共识，一起创造"小灯笼"的产业链，推动生产"小灯笼"项目落地。完成产学研相结合的任务，深入基地实践活动。

(6)点燃科普圣火，传递科研精神

为助力乡村振兴，点亮"鲜味课堂"，实现在共享中共建，志愿队进一步挖掘英格岭经营所的生物资源，提升实践能力和创新水平，加强专业知识与实践行动相结合。"绿海飞扬"志愿服务队走进英格岭林区开展科普教育，深入灵芝、木耳种植基地进行走访调研。

(7)追寻文化印迹，观莺歌岭传奇

习近平总书记在文化传承发展座谈会上指出："在新的起点上继续推动文化繁荣、建设文化强国、建设中华民族现代文明，是我们在新时代新的文化使命。"我们要努力以守正创新的正气和锐气，赓续历史文脉、谱写当代华章。"绿海飞扬"志愿服务队参观莺歌岭文化展馆，了解莺歌岭历史文化，观赏珍贵的历史图片和历史文物，观看影片《莺歌岭传奇》，了解肃慎部落的发源历史和牡丹江流域的文化特点。

(8)展联谊风采，助乡村华章

"绿海飞扬"志愿服务队与英格岭经营所全体员工合力举办以"健康、快乐、共赢"为主题的联谊会。通过参与联谊会的活动，"绿海飞扬"志愿服务队的志愿者与英格岭经营所员工可以互相学习，增进友谊，培养人际关系。

(9)志愿服务树新风，暖风生科助振兴

为深入学习党的二十大精神，贯彻落实习近平总书记重要指示，丰富新时代志愿服务内涵，引领青年学生建功新时代，奋进新征程，生命科学与技术学院前往英格岭开展社会劳动志愿服务。志愿者们深入林场进行杂草清理，向英格岭经营所员工学习正确的清理方式，提高了志愿者们的认知、行动力和学习能力。同时志愿者们还走进办公室，向英格岭经营所领导学习基层工作和办公技巧。

(10)守护安全进林园，安全教育小贴士

为了进一步增强“绿海飞扬”志愿服务队的志愿者和英格岭经营所员工的防诈骗能力和安全教育能力，同时提高安全防范意识和自我保护能力，避免被骗和发生安全事故，学院和经营所共同开展“暑期安全教育攻略，守护安全进林园”安全教育小贴士活动。利用多媒体进行宣传，重点关注电信诈骗，视频 AI 换脸；对拒绝“校园贷”进行反诈骗宣讲，科普校园贷的危害。

为广泛宣传普及病虫害防治和防鼠防疫知识，生命科学与技术学院与英格岭经营所多措并举开展“病虫害防治，防鼠防疫”系列活动。进一步增强了“绿海飞扬”志愿服务队的志愿者和英格岭经营所广大干部群众保护生态环境的意识。

2. 实践举措

(1)社会实践

本次活动的社会实践是为了深入学习贯彻新时代中国社会主义思想主题教育，深刻领悟党的二十大精神，深入开展调查研究工作，推进工作落实。通过此次社会实践活动了解乡村发展现状，推进城乡交流与融合，助力乡村振兴。由此，生命科学与技术学院“生生不息，青科乡梦”专项暑期“三下乡”社会实践活动开启序幕，生命科学与技术学院“绿海飞扬”志愿服务队深入英格岭经营所进行走访调研工作。

学院在英格岭经营所举行社会实践基地挂牌仪式，双方携手打造“校地联手、自主互动、共建共享、合作发展”的社会实践教育基地品牌，为乡村振兴赋能。之后开展了学习抗联精神的主题活动，由“绿海飞扬”志愿服务队组建红色宣讲团，深入英格岭经营所开展理论宣讲活动。志愿者聆听老党员讲述红色故事，参观抗联英雄陈翰章烈士陵园，传承红色基因，赓续红色血脉，引导志愿者深学细悟笃行，凝聚同心向党的奋进力量。然后志愿者们又进行了立足学科的调研活动，走进英格岭林区参观灵芝、木耳种植基地。最后，开展了科普课堂活动。通过走进英格岭林区开展科普教育，认识野生植物，促进“产学研”融合，加强专业知识与实践行动相结合。

通过本次社会实践活动，培养了志愿者的学习意识，增强了团队成员的社会责任感，提高了同学们的实践精神和动手能力。在七天的暑期“三下乡”社会实践活动中，“绿海飞扬”志愿服务队聆听基层心声，开展乡村振兴志愿服务，自觉把红色基因的深厚底蕴转化为助力乡村振兴的不竭动力，继承先辈遗志，用青春力量助力乡村振兴。

(2)深度访谈

为全面贯彻落实党的二十大精神，学思践悟习近平总书记关于青年工作的重要思想，推进工作落实、精准对接工作，“绿海飞扬”志愿服务队组建“生生不息，青科乡梦”乡村振兴促进团，在牡丹江市英格岭经营所开展形式多样的社会实践，通过开展深度访谈工作，助力乡村振兴，引领青年学生建功新时代，奋进新征程。

志愿者们奋楫笃行，聆听英雄故事，感悟红色精神，与英格岭经营所的老党员周振东同志面对面交流，探寻先辈们的光荣精神，汲取榜样力量。志愿者们还在英格岭经营所工会主席及主任的带领下，走进革命旧址，参观莺歌岭文化展馆，观看影片《莺歌岭传奇》，了解肃慎部落的发源历史和牡丹江流域的文化特点。最后为提高林场群众的安全意识，深入理解安全的重要性，“绿海飞扬”志愿服务队开展“暑期安全教育攻略，守护安全进林园”安全教育小贴士活动。通过开展安全宣讲、举办讲堂演讲、进行调查问卷和提问等形式，提高群众安全防范意识。

本次深度访谈，使得志愿者们真切感受战士不畏艰难、不怕牺牲的革命英雄主义气概，进一步增强了责任感和使命感，从而自觉把红色基因的深厚底蕴转化为助力乡村振兴的不竭动力，继承先辈遗志，汲取榜样力量。通过活动志愿者们奋楫笃行、扎根基层，燃起青春力量、展示青春风采，为乡村振兴注入活力。

(3)岗位实践

为学习宣传党的二十大精神，以党建引领基层治理，注重调研，促进主题教育走深走实，学深悟透精神，凝心聚力前行，聚焦“党建+乡村振兴”，夯实发展根基。生命科学与技术学院“绿海飞扬”志愿服务队笃行致远担使命，高扬思想旗帜，汇聚奋斗力量，深入开展乡村调研系列活动。

习近平总书记强调：既要“身入”基层，更要“心到”基层。为丰富英格岭经营所全体员工的娱乐生活，“绿海飞扬”志愿服务队志愿者与英格岭经营所全体员工合力举办了联谊会。志愿者服务队深入基层工作，协助英格岭经营所的领导和职工处理办公文件、会议文件；协调机关日常工作，整理档案信息管理、进行后勤行政管理和林业教育人才培训工作。在会议筹备中，志愿者协助会议策划、会议选址、会前准备、宣传通知、布置会场、总结评估等工作。

通过亲身体验基层工作，使志愿者们更加清晰地体会基层干部舍我其谁的精神气魄和敢为人先的担当作为。“上面千条线，下面一根针”，基层干部是联系政府和群众的纽带，通过他们的辛勤付出和忠诚担当，为社会进步提供了坚实保障。

只有基层工作务实做好,社会的发展建设才能更好,乡村振兴才能得以实现。基层干部们从不计较个人得失,勇于担当责任;无私奉献为人民,兢兢业业肯奉献,认真做好基层工作从而助力乡村振兴建设。

在暑期“三下乡”社会实践活动征程中,志愿者们下基层体验工作,力争实现服务“零距离”,进一步提高了志愿者的实践能力和综合素质,增强了责任感和使命感,为英格岭文化事业和乡村振兴贡献青春力量。志愿者们凭借特色专业优势为农业农村发展输送学科专业知识、提供智力支撑,努力谱写乡村振兴的华彩乐章,用青春的智慧和汗水,铸就更加美好的乡村。

(4)劳动体验

为切实保护当地生态环境,践行绿色环保理念,牢固树立和践行绿水青山就是金山银山的理念,生命科学与技术学院“绿海飞扬”志愿服务队“沉浸式”体验务农劳作,深入田间地头,以劳动进行“绿色”志愿行动,在实践中切实感悟劳动之美,也为英格岭林场绿色生态环境贡献出一份青春力量。

志愿者们向当地林业技术员学习正确的林场清理方式,并展开巡林工作,保护森林资源,维护生态平衡。同时开展林场杂草清理、清理垃圾、垃圾分类等环保行动,为林场创造良好的生态环境。本次劳动体验提高了志愿者们的行动力和学习能力,提升了环保意识,使志愿者意识到保护生态环境,打造“绿色”社会,积极参与环保工作,是功在当代、利在千秋的发展之道。

“清风明月本无价,近水遥山皆有情”,全面推进美丽中国建设和绿色发展的总体目标已明确,学生们应展望未来,充分把握历史机遇,稳中求进,久久为功,让绿水青山的底色更亮,让金山银山的成色更足,为建成天更蓝、山更绿、水更清的美丽中国,贡献青春力量。

3. 实践纪实

(1)授牌共建共享,赋能乡村振兴

2023 年 7 月 6 日,牡丹江师范学院“绿海飞扬”志愿服务队到达英格岭经营所开展授牌仪式,学院和经营所旨在打造“校地联手、自主互动、共建共享、合作发展”的社会实践教育基地品牌,同时也为青年志愿服务搭建全新的实践平台,真正实现在共享中共建。

(2)赓续“红色根脉”,谱写青春华章

2023 年 7 月 7 日,“绿海飞扬”志愿服务队以“深入青年心、激发青年志、引领青年行”为主题进行宣讲。志愿者对党的二十大报告进行阐释、分析和讲解,号召青年要勤于思考、勇于实践、敢于创新，传递青春正能量。

"绿海飞扬"志愿服务队开展"听老党员讲那过去的故事"座谈会，与英格岭经营所的老党员周振东同志面对面交流，聆听老党员讲述过去的红色记忆，探寻先辈们的光荣精神。

(3)立足学科专业，深化调查研究

7月8日，英格岭经营所领导带领"绿海飞扬"志愿服务队走进英格岭林区进行科普教育，参观灵芝、木耳种植基地，为乡村振兴贡献"师院力量"和"生科智慧"；把"产学研"一体化落到实处，推动大学生创新创业项目"小灯笼，大能量"落地，达成战略合作，为乡村振兴注入科技力量。

(4)弘扬抗联精神，缅怀革命先烈

7月9日，实践队员们来到陈翰章烈士牺牲地与烈士陵园，走进革命旧址、瞻仰红色文物、聆听英雄故事，学习党的历史、感受革命文化。同学们在陈翰章烈士牺牲地祭奠扫墓、鞠躬、默哀，向陈翰章烈士表达自己的敬意，铭记革命先烈的丰功伟绩。

(5)五星红旗飘扬，志染九州大地

7月10日，学院在英格岭经营所举行升国旗仪式，激发了志愿者的爱国情怀、历史使命感和社会责任感。下午，"绿海飞扬"志愿服务队组织观看影片《莺歌岭传奇》，了解肃慎部落的发源历史和牡丹江流域的文化特点。

(6)林场服务志愿行，暖风生科助振兴

为共建美丽家园，践行绿色环保理念，助力乡村振兴，美化乡村环境。7月8日15时30分，"绿海飞扬"志愿服务队深入田间地头，与当地林业技术员共同巡林，"沉浸式"体验务农劳作，进行林场杂草清理，为林场创造良好的环境。

4. 实践感悟

(1)开展专业特色，拼搏实践成效

在大学校园里，"绿海飞扬"志愿者们的学习往往局限于课程和书籍，对于社会的了解更多是基于课堂上掌握的理论。而此次"三下乡"社会实践活动则为"绿海飞扬"志愿者们打开了一扇新的窗户，让志愿者们能够近距离地观察和感受林场发展的现状。志愿者们深入食用菌种植基地，对木耳的生产种植、经营模式等内容进行深入了解，增长了知识储备。志愿者们也了解到英格岭经营所以种植大豆、玉米、水稻为主，还种植灵芝、三七、山木耳、蘑菇等野生植物。同时，志愿者从认识植物，辨别植物等方面进行实地学习研究，这种实际接触也让志愿者们对林场的认识更加深入，对国家的发展有了更全面的了解，也更深刻地理解了保护生态环境就是保护生产力，改善生态环境就是发展生产力这一道理，应坚定不移地走生态优先的绿色发展之路，筑牢国家生态安全屏障，形成节约资源和保护环境生产生活方式，从而促进生态环境持续改善，这将为中华民族永续发展奠定生态环境基础，推动实现人与自然和谐共生的现代化进程，为共建地球生命共同体不断做出贡献。通过活动志愿者们认识到要坚持书本知识学习与社会实践相结合，走理论与实践相结合的道路。把知识发挥到需要的地方，磨炼意志、砥砺品格，将知识学到致用，在实践中继续学习提高。

（2）踏寻先辈足迹，弘扬革命精神

在英格岭经营所，“绿海飞扬”志愿者们聆听老党员周振东同志讲述过去的红色记忆，从中感受到了英格岭经营所的惊人变化。“从1958年到2023年，从泥巴路到水泥路，从煤油灯到电灯……家乡的变化之大，我原来想都没敢想，感觉就像做梦一样。”周振东说道。英格岭经营所秉持“绿水青山就是金山银山”的理念，在加快形成绿色发展方式和生活方式、建设生态文明和美丽乡村等方面阔步前行。老党员的精神风貌使志愿者们深刻感受到了党员的初心和使命，从而汲取榜样力量，激励了志愿者们一代接着一代干。

在英格岭经营所工会主席及主任的带领下，志愿者们参观了陈翰章烈士牺牲地与烈士陵园，在陈翰章烈士牺牲地祭奠扫墓、鞠躬、默哀，向陈翰章烈士表达自己的敬意，铭记革命先烈的丰功伟绩；还参观了莺歌岭战斗遗址，学习莺歌岭的历史文化；走进革命旧址、瞻仰红色文物、聆听英雄故事，学习党的历史、感受革命文化。志愿者们接受思想教育、心灵洗礼，真切感受烈士不畏艰难、不怕牺牲的革命英雄主义气概，认识到现在的幸福生活来之不易，提高了责任感和使命感，自觉把红色基因的深厚底蕴转化为助力乡村振兴的不竭动力，继续弘扬光荣传统，传承先辈精神。

（3）志愿实践磨炼技能，责任担当引领青春

“绿海飞扬”志愿者们通过志愿服务，深入田间地头，体验农务劳作，提高了劳动技能，培养了热爱劳动的思想、吃苦耐劳的精神，养成了良好的劳动习惯。在调研过程中，志愿服务队结合今年暑期工作重点，为切实服务当地防病虫害宣传工作，组建了宣讲团深入开展专题座谈会。通过与林场职工一起劳动、研讨虫害问题，培养了志愿者们的团队合作、沟通协调的能力，增强了使命感与责任感。坚守责任是行稳致远的出发点，践行责任是知行合一的动力之源，勇担使命是创造美好

生活的价值追求。青年应脚踏实地、砥砺奋进，用行动驱动责任的人生之舟，在实干中练就本领，在力行中成就事业，积极履行应尽之责，成为求真务实、践行责任的新时代青年。

5. 实践意义

在这次暑期“三下乡”社会实践活动中，“绿海飞扬”志愿者们在乡村振兴的大舞台上一展宏图，擦亮青春底色，在拼搏中攻坚克难。生逢盛世，肩负重任；面向未来，征途漫漫，唯有奋斗。一个时代的精神风貌，总是在青年身上得到最生动的体现。星星之火可以燎原，我们希望参与社会实践活动的志愿者们能成为新时代乡村的“导航仪”、高质量发展的“推进器”、凝聚力量的“黏合剂”，在基层一线壮筋骨、长才干，为青春“蓄能”。“绿海飞扬”志愿者们作为新时代的青年更要在乡村振兴的大舞台上挺膺担当、奋发有为，以昂扬的姿态追逐青春梦想，为全面建设社会主义现代化国家贡献青春力量；用青春的激情奏响“清澈的爱、只为中国”的时代强音，用青春的行动践行“请党放心，强国有我”的铮铮誓言。

第三节　志愿服务心得体会

“2024 中国大庆国际青少年滑雪越野短距离赛”志愿活动

牡丹江师范学院　2023 级　蔡孟含

大一的寒假我在三永湖社区举办的“2024 中国 · 大庆国际青少年越野滑雪短距离赛”中担任志愿者，活动前期我们与当地三永社区联系，了解了此次赛事的实践活动地点在大庆三永湖湖面，并与相关人员确定服务内容，会后制订了详细的实践活动计划和安全预案。在赛事安全无误的结束后，我参加了三永社区组织的总结反思，回顾此次赛事的实践过程。

通过这次社会实践活动，我更加深入地了解家乡的实际情况，用所学知识为当地居民及国内、国外运动员们提供志愿服务，增强了社会责任感和实践能力。同时，活动还能够提高我的组织协调能力和团队合作精神，培养我的创新意识和实践能力，为将来的职业发展打下坚实的基础。

我热爱自己的祖国和人民，将不忘初心使命，努力为社会做出贡献。志愿服务是奉献社会，服务他人的一种形式，是传递爱心，播种礼貌的过程。对于被服务对象，是感受社会关怀的机会；对社会而言，是促进社会和谐的基石。在志愿服务过程中，自我得到了提高和完善，个人价值也得到了认同。

在校课余时间我积极参加社会实践活动和公益活动，具有强烈的社会责任感，以实际行动践行志愿服务精神。志愿服务工作为我提供了一个接触社会的机会和一个锻炼自己的平台，我得到了满满的收获和成长。希望我能够为社会的和谐发展贡献自己的力量，同时更希望我们的行动能带动更多的人加入志愿服务队伍中，共创美好人类家园。

在当前的国际形势下，中国正一步步地走向世界舞台的中心，这意味着中国青年已经向着外面的世界更近了一步，这需要当代青年肩负更大的责任与志向，并为之不懈奋斗。经过这次的志愿服务，我深深地感受到了付出的欢乐。我深入实际生活，将专业知识与实践相结合。社会就是一个大家庭，我们每个人都是家庭的一员，都有为这个家庭服务的义务。身为当代青年，我深刻明白，青年一代应当时刻牢记使命与担当，只有为社会奉献一份爱心，我们的社会才能不断地进步，最终建成和谐社会。在参加志愿服务活动中，要肯吃苦、敢吃苦、不怕苦，全心全意地投入。

参加县团委“大学生返家乡”志愿活动

牡丹江师范学院　2022级　黄璞

假期为响应学校“返家乡”活动的号召，我回到家乡后参与了县团委组织的“大学生返家乡”志愿活动，恰逢家乡两会召开，我也参与到志愿工作当中，很开心也很荣幸可以为家乡的政治生活贡献一份自己的力量。

在有条不紊地准备活动过程之中，我体会到了两会工作的庄严性，感知到了我国政治体制的优势和民主决策的重要性，让“人民当家做主”这六个字更加具象化。会前我们需要准备证件、整理资料、打包文件，并在资料组和电力会堂贴好标识，方便人大代表和政协委员们拿取资料。在两会召开当天我负责签到记录，做好引导和服务工作。参加本次志愿服务工作使我深入了解了国家政治、经济、文化方面的各项政策，见到了各行各业的代表，开阔了我的眼界，提高了我的社会责任感和使命感。参加两会的志愿服务工作，让我收获满满，也提高了自己的综合素质，让我更加深入地了解了家乡的发展状况，也让我坚定了为家乡建设而努力的决心。

在活动中，我不仅要为代表们提供便利的服务，还要传播正能量，展示我国青年的良好形象。在本次志愿服务活动中，我也和其他高校志愿者建立了友谊，通过与其他志愿者的交流，我学到了很多关于团队合作、沟通协调等方面的知识和技能，我们共同协作完成志愿工作，并介绍各自的学校及交流志愿活动的心得。

青年强则国家强，青年大学生要培养社会责任感和历史使命感。青年大学生参与两会志愿服务活动，可以提高自身素养和爱国情怀，同时也可以更好地了解国家政策和动态，为社会做出贡献，为中华民族伟大复兴贡献一份绵薄之力。我也希望能够通过这次志愿服务活动，宣扬新时代青年积极向上的精神面貌，传递志愿服务精神。心有一团火，温暖众人心，感知社会、热爱家乡，参与志愿活动展现了青年蓬勃的活力与奉献精神。

新时代的中国青年，生逢其时，重任在肩，施展才干的舞台无比广阔，实现梦想的前景无比光明。总之，这次两会志愿服务经历，对我来说是一次宝贵的体验，我将继续努力提高自己的综合素质和能力水平，参与更多的社会实践活动，为社会做出更多的贡献。

参加牡丹江市福利院志愿活动

牡丹江师范学院　2021 级　研究生　王雪梅

2023 年冬季我参与了一场印象深刻的志愿者活动——走进牡丹江市福利院中心，在那里和福利院的学生们度过了难忘的一段时间，我们一起学习、一起玩耍，留下了宝贵的回忆。接到这次活动通知的第一时间，我便报名参加，想在这个特殊的活动中留下当代青年的志愿身影。在去福利院之前，负责人特意与每位志愿者强调，不能询问任何学生的个人信息和隐私，一定要注意和福利院孩子们的交流方式，既要以教师的身份介入，又要以朋友或者知心哥哥姐姐的身份沟通。在去之前，我设想了很多关于我见到福利院孩子们的第一场景及我应该怎样和他们相处等众多细节。为了能给孩子们顺利地进行作业辅导和课程辅导，在去之前我做足了课程准备和资料。

到福利院之后，院长向我们介绍了福利院的规模及不同年龄阶段孩子的个人基本情况。福利院的孩子们都很热情，在见到我们的第一时间就带着我们去参观他们的活动教室、宿舍及国画室，还一直很开心的和志愿者们交流。为了提高福利院孩子们的知识水平，我们开始了一对一和一对多的课后辅导，我被分到了初中组，福利院里一共有四位初中学生，每个学生的年级阶段不同，这也给我的辅导带来了一定困难。所以，我先针对他们的个人情况做了一些了解，发现他们对英语学习有很大的困难。在了解到几位学生对单词记忆和拼读这方面的困惑后，我便带领他们学习了国际音标，每个人都学得很认真，也对首次作为志愿者老师的我非常尊重，这让我产生了很大的自信。他们的学习效率很高，很快就完全掌握了国际音标，我们也互相约定好第二次见面时，再一起学习如何用国际音标拼读单词。之后我便去了小学班，我对小学班的一位男生印象特别深刻，他对英语很感兴趣，并邀请我教他读单词。福利院工作人员对这位男生的评价大多都是很调皮不爱学习或者是很难安静下来，但是我发现他在学习英语的过程中很沉稳、很安静，所以我和他约定好下一次见面时，一定要和我复述上一次学习过的单词和内容。

回到学校之后，我对这次志愿活动难以忘怀，一直牵挂着这些学生，所以在第二次参与志愿活动时，我选择遵守我的约定。我刚跨进福利院教室没多久，那位小学班的男生就找到我，并向我背诵了上次学习的内容。那一刻真的很开心，感觉自己的知识真的帮助到了他人，或许会在他心里埋下一颗小小的种子。第二次课后辅导结束后，他拉着我的手让我找大合照里面的他，给我讲述他以前被领养的事情，告诉我他的好朋友被领养到了国外及他在福利院的点点滴滴。我认真倾听着一个缺少家庭教育的孩子对爱的渴望，同时也在心里期盼着他能有一个好的未来。

做志愿者虽然失去了难得的休闲时光，但我毫无怨言，因为我收获到了在玩乐中体会不到的内心满足与欢乐。爱就像是养料，净化滋润着我们的心灵。我认为如果我们做的每一件事都带着一份发自内心的关爱和一种认真负责的态度，即使平淡的生活和琐碎的工作，我们都能找到那份内心深处的快乐！

“云支教”志愿活动

牡丹江师范学院　2022级　张露

网络支教，山海同行，网络是一根细线，线的两端是我与线上的小朋友们。在2024年的寒假，我有幸参加了一次“云支教”活动，给小朋友带去知识与温暖。我一直有一个想要支教的梦想，没想到竟以线上教学的方式实现了。这次支教活动是别具一格的线上形式，但于我而言，这并非是单方面的对接与监督，更像是一种相互鼓励、相互督促的成长过程，可以养成坚持阅读、坚持学习的好习惯。通过与小朋友们的心得交流，我感受到了他们学习过程中的获得感和满足感，这些都将成为个人成长中难得的经历。

此次支教为期一个多月，活动以“传承优秀文化，赓续中华文脉”为主题开启了一场双向奔赴。志愿者通过线上教学的方式为孩子们照亮漫漫求知路，以知识为纽带，以陪伴为远景，以教育为目的，通过“云支教”托举梦想。脚丈量不到的地方，文字可以。我报名参加的是“一起云阅读”活动，在活动中，我为支教的小朋友精心挑选了书籍并制订阅读计划表，我们一起阅读了《骆驼祥子》《云边有个小卖部》这两本书，陪伴小朋友们在书海里畅游，与小朋友共同阅读、整理笔记、交流心得，与书籍为伍，与文字为伴。以书籍为纽带，逾越空间与年龄的界限，交流彼此细腻的心绪，共赴一场美好的心灵之旅。学习不止于教室，知识不囿于课本，凭借一方小小的屏幕，我邀请小朋友一起观看直播课，通过互联网进行学习，我们可以接触更优质的教育资源，例如华中科大讲师讲授的宇宙的奥秘、西北工业大学讲师宣讲乡村振兴、西南大学讲师介绍特立西南、世纪繁华等云讲堂，向小朋友们展示了更广阔的的世界，也让我受益匪浅。

“云支教”的活动传递去了知识，也传递来欢声笑语。这次支教经历对我来说是一次心灵的洗礼。孩子们的笑声、认真学习的眼神及对知识的渴望，让我深深感受到了教育的力量和美好。我开始意识到，教育不仅仅是知识的传递，更是希望和梦想的播种。我希望通过自己的微薄之力，让这些孩子们的生活能多一份色彩，让他们对世界的认知更加宽广，让他们的未来不局限家乡的一方水土，而是有无限的可能。“云支教”活动是一场浪漫的奔赴，是一群人奔赴而来，为另一群人的梦想保驾护航。“云支教”活动既为我们志愿者搭建了实践锻炼的平台，也为偏远地区孩子们的未来发展提供了更多的可能性。通过活动我们与小朋友们一起，增长知识、锻炼体魄、开阔视野、提高能力，体会美育魅力，提高美育素养。

支教虽然已经结束，但我相信这种精神和力量会在孩子们心中生根发芽，伴随着他们成长，成为他们人生道路上的明灯。随着春意渐浓，志愿者们和小朋友们各自踏上了成长的旅程，我期待着与小朋友们的下一次相遇。在未来的日子里，我也会继续关注祖国的教育事业，践行志愿服务精神，投身志愿服务，养成勇担社会责任的良好风范。

参加“返家乡”社会实践活动

牡丹江师范学院　2023 级　李莹

这个寒假是一次特别的寒假，我参加了校团委发布的“返家乡”社会实践志愿活动，回到了家乡的基层政府，进行了假期志愿实践活动。这对我来说是一次不同于家庭和学校的体验之旅，是一次开阔人生视野的学习之旅。在实践中我接触到了许多新的事物，也遇到了很多新的问题，这些新的经历对我来说都是一次新的磨炼历程；这些都将是我一生中最宝贵的财富，无论今后遇到什么样的挫折和困难，都会使我更加成熟、更加踏实、更加坚定。通过实践我可以锻炼自己的各种品质，在我今后的学习中，甚至在以后的生活中都会有所裨益。志愿服务让我积累了许多宝贵的经验，对于即将步入社会的我来说，有很多东西需要学习，实践就是最好的老师，我通过这次在镇政府的实践得到了一次很好的历练。

虽然这次志愿服务只有短短的一个月，但对我来说却分量很重，这是我积累知识的一个月、是开阔视野的一个月、是提升境界的一个月、是增进友谊的一个月，是令我终生难忘的一段美妙的人生履历。在这一个月内，我学到了很多，无论是精神方面，还是知识技能方面，了解到了一些从未接触过的事情，比如：村镇中的网格工作、基层政府中团组织的建设工作、政府常态化工作材料收集整理等许多工作，都令我受益匪浅。这也激励我在以后的岁月里应不断提高与完善自己，让自己成为一名优秀的大学生。作为新一代青年，我们需要更加广泛地学习，适应社会的发展，积极为祖国的繁荣富强做出自己的贡献；通过在社会中不断提升自己，让自己变得更强，总有一天，我们可以通过努力报答社会。

这次假期志愿服务中的收获让我受益终生。志愿服务引导我们走出校门，以最直接的方式接触和了解社会，是融入社会的有效途径。本次志愿服务拉近了我与社会的间隔，也让我在志愿服务中开阔了视野、增长了才干，提高了适应社会的能力。我将进一步完善自己、扬长避短、脚踏实地，来实现自己的人生价值。

总之，这对我来说不仅是一次普通的志愿服务，更是一次心灵的历练，也是一次学习和锻炼的机会。我所学到的知识、锻炼的意志、磨炼的才干，都会让我受益终生。我将带着这份收获去迎接日后遇到的挑战，同时我将牢记老师教授的知识，在志愿服务中积累工作经验，积极参加更多的志愿服务，抓住一切机会磨炼自己，使自己更充实、更强大。在今后的学习和生活中，发挥志愿者的精神，为他人、社会、国家，奉献属于自己的时代青春。

参加志愿植树活动

牡丹江师范学院　2023 级　李金源

我参加了学院组织的植树活动，参与植树的全体成员乘坐大巴车到达了富江公园。在书记与向导的带领下，我们手拿铁锹和树苗踏上了本次路程。

一开始，我们以为这将会是一条平坦的路，我们应该会极其容易就到达山顶。后来发现这个想法是错误的。我们面对的是真正的山林，自然气息扑面而来，那是一种自然的静谧与美好。但是也无法忽视这山间小路的陡峭，一路上我们互相帮助，在欢声笑语中抵达了山顶。这一路，我们依靠的是信仰的支撑与友情的互助。

到达山顶后，这美好的风光使我心旷神怡。左侧是一望无尽的绿色海洋，右侧是城市的高楼大厦。我不禁感叹，这自然界的奇妙，可能只有深入自然、靠近自然，才会发现那独有的魅力是多么的珍贵。书记与向导指引我们挖掘树坑、栽种树苗、填埋土壤。我们见证的是生命的延续，是自然的繁衍，这一棵棵树苗正像是我们青年一代，在先行者的指引下、在阳光的照耀下茁壮成长。我们像这些树苗一样，寄托着无数人的希望。我们渴望长大，渴望为这大好时代和伟大祖国贡献自己的力量。虽然现在的我们只是一棵瘦小的树苗，但是在无数前辈的帮助下，我们定然将长成为一棵棵参天大树，为祖国、为社会、为人民付出独属于青年人的热血。

下山的路也并不好走,相比于上山时的激动,下山更像是一种考验。这是对我们身体素质的考验,更是对我们精神意志的考验。同学们之间相互帮助,由书记和向导在前面为我们指引方向、扫清障碍。下山的路虽然蜿蜒曲折但也不乏亮点,我们看到的景色更为奇妙,心情也愈发平静。这次经历,是对身体的一种磨炼,它提高了我们的体能。也是一种对精神的考验,它磨炼了我们的意志。

通过本次活动,我深刻地意识到了绿水青山对于一个城市、一个国家的重要性,它不仅仅维持生态的平衡,更是社会的财富、人民的财富。活动结束后,我会继续锻炼和参加志愿服务,因为在志愿活动中我感受到了前所未有的快乐,也收获了不可或缺的动力与精神力量。

东北抗联精神宣讲活动

牡丹江师范学院　2023 级　赵明慧

文化的传承与发展是当今时代的重要任务,志愿宣讲活动是传承精神文明的重要途径,作为大学生的我们应该积极主动担起时代责任,为更好地弘扬中华民族优秀传统文化和红色基因,贯彻志愿服务精神,我报名参加了“雪域先声”宣讲团,希望为弘扬精神文明贡献自己的一份力量。作为宣讲团的一员,自我加入宣讲团以来参加过多次宣讲活动,有线上形式的为高中生宣讲,也有走进社区、走进支部的线下宣讲,无论是线上活动还是线下活动,每场活动我都收获颇多:

志愿宣讲活动丰富了我的理论知识。为了能有更好的宣讲效果,在进行准备工作的这段时间里,我大量搜集并阅读相关资料,以保证内容的真实性、准确性与完整性。同时,为了整个过程不枯燥无味,可以更好地吸引观众们的注意力,我也引入了相关的拓展信息。

志愿宣讲活动也丰富了我的社会实践。每次活动的地点都是不同的地方,宣讲的对象也都是不同的人群,从一开始给身边同学们宣讲到后来去社区党支部宣讲,再到线上给河南鹤壁高中高二学生宣讲及利用晚自习时间去各个学院团支部宣讲,每次的实践活动都能给我带来新的体验与收获,不仅提高了我的语言表达能力,也增强了我的社会责任使命感,为下一次社会实践活动打下了良好的基础。

志愿宣讲活动还锻炼了我的个人能力,作为一名师范生,我的人生理想是成为一名优秀的人民教师，想要更好地实现这个梦想，就要有扎实的基本功，不仅要学会备课也要学会讲课，每一次的登台宣讲，都需要大量的准备工作，从开始的内容规划到课件设计及讲稿撰写，都极大地提高了我的个人工作能力，同时也鼓励了我的自信心，当我面对台下的观众时，就不会感到胆怯害怕。

志愿团队是一个充满爱与活力的大集体，初心是“宣讲红色精神，弘扬中华文化”，我就是在这样的一个大集体中成长起来的，秉持着我们的初心，积极开展宣讲活动，无论是校内还是校外，我都会全力以赴、认真对待。从最初的手忙脚乱、毫无头绪，到如今的有条不紊、从容面对，这一切都离不开大家的鼓励、支持与肯定，使我更加坚信自己能够将弘扬中华文化落实到实际行动之中，积极推动精神文明建设工作。

志愿宣讲的是精神，需要落实的是行动，我会积极努力地做好每一次宣讲工作，将精神文明发扬光大，也会通过自己的行动影响并带动身边同学，一起助力于和谐社会建设，为社会更好的发展和祖国的繁荣昌盛贡献自己的青春力量！

“一起云支教”志愿活动

牡丹江师范学院　2022级　田晓慧

这个冬天，我报名参加此次“一起云支教活动”，通过活动来帮助小朋友提高综合素质与能力。这次活动是一次不同于家庭和学校的实践之旅，是一次和小朋友互相成长的学习之旅，更是一次提升自我能力的锻炼之旅。虽然只有短短的二十几天，但收获很多。这次支教活动是别具一格的线上形式，对于我而言，这不仅是单方面的对接与监督，也是一次相互鼓励、相互督促的成长活动，可以养成坚持运动、坚持阅读的好习惯。

为确保“一起云支教”活动的顺利开展，“一起云支教团”队自1月起便开始了筹备和对接相关工作。团队组建了执行团队、组织招募志愿者、积极搭建工作交流平台，并召开线上培训会对志愿者进行经验分享、活动执行答疑。在1月15日，举办了2024年寒假“返家乡”社会实践“一起云支教”志愿者培训大会，讲解活动简介、团队简介、活动要求、活动内容、志愿者要求，为“一起云支教”工作的顺利进行打下了基础。

1月26号“一起云支教”活动正式启动，志愿者们通过微信、腾讯会议、电话等形式积极与中小学生沟通，共同完成“一起快乐阅读”“一起健康运动”“一起云讲堂”“一起云研学”“新春特色活动”五项内容。这次我所对接的小朋友是一个男生，需要我与小朋友交流沟通，规定好每项活动的完成时间，以便这次活动的顺利完成。虽然在此过程中我尽力站在小朋友的立场去思考，去和他沟通，但是让小朋友听懂和理解我所讲的题和课程，也是一个不小的挑战。

在“一起快乐阅读”活动中，我与小朋友徜徉在书的海洋中，以《海底两万里》这本书作为纽带，通过喜马拉雅App进行听书，记录阅读笔记，一起共赴神秘的海底世界。在“一起健康运动”活动中，通过与小朋友视频连线一同制订运动计划并完成每日打卡，以自律的态度迎接每一天清晨，用晚饭后的健步走为一天画上句号，用运动的方式拥抱每一天。在“一起云讲堂”活动中，我和小朋友共同完成了五堂课程，分别是空气污染系列课程、少儿财商科普教育系列教程、美育设计系列课程、科技素养启蒙系列课程、青少年职业启蒙系列课程，教授课程让我体验到了做老师的乐趣与辛苦，也懂得了如何更好地与小朋友交流，使我得到了很好的锻炼，“一起云支教”活动官方通过高校宣讲团讲解的方式，开展“传承优秀文化，赓续中华文脉”主题的云讲堂活动，通过讲述中华优秀传统文化，展现国家发展变化，特别是科技发展的重大成就，引导青少年深刻认识新时代伟大变革的里程碑意义，培养青少年科学文化素质和献身党和国家的情怀。在“一起云研学”活动中，我与小朋友通过腾讯会议相互介绍家乡发展变化、红色文化、历史典故等，讲述自己对国家发展变化的认识和感受，以及对共创祖国美好明天的期待。会议结束后，我们共同完成了一份“我心中的祖国”作品，因为临近新年，小朋友对于书法很感兴趣，我们又共同完成了写福字的任务，体会书法的魅力。

通过与小朋友交流心得，我感受到了他坚持学习的过程中获得的收获感与满足感。本次活动的顺利开展也离不开小朋友们家长的配合与坚持，多方的努力使这次活动成为一段难得的经历。作为一名大二学生，我毅然参加了本次“一起云支教”活动。我与小朋友的趣味联动及沟通互动，在我看来是非常有意义的，通过志愿服务和社会实践的形式，与广大基层中小学生“云陪伴”，讲好中国故事、弘扬中国精神，展现时代风貌，续红色血脉，携手成长。在完成任务的同时，我也深刻体会到作为教师的艰辛，他们不仅要把各自的领域知识全面掌握，还要监督学生学习。在这次志愿服务活动里，我深深感受到了志愿者们的辛苦，第一次成为志愿者的经历，给我留下了深刻的印象，我也深刻的体会到了志愿精神的内涵，需要学会聆听、建立信任、将心比心、控制情绪、包容胸怀、目的明确、沟通过程，作为志愿者要长期坚持这几项原则。

通过本次活动我得到了锻炼，也学到了不少知识，“一起云支教”活动使我获得了一个充实且快乐的假期。

“返家乡”志愿服务心得

牡丹江师范学院　2022级　汤嘉琪

大学期间，我有幸参与了“返家乡”社会实践活动。这次活动不仅让我有机会深入了解家乡的发展现状，更让我在实践中得到了宝贵的经验与收获。

参与这次活动的初衷，是对家乡发展的关注和对社会实践的热爱。我希望通过亲身参与，为家乡的发展贡献自己的力量，同时也期望能够在实践中锻炼自己的能力和增长见识。

在实践过程中，我主要负责团委公众号的编辑和排版工作，同时参加团县委组织的志愿服务工作。因为在此之前有一定的工作经验，所以在实践期间操作起来比较得心应手。团委的工作繁冗，我也因此能够学到多样化的理论知识与实践操作。同时，团委的志愿活动也让我关注到了更多以前未接触到的领域，能够让我以全新的视角去观察这个城市的变化。家乡的发展虽然取得了显著成就，但也存在着一些问题。例如，一些农村地区的基础设施建设相对滞后，农民的生活水平还有待提高。为了深入了解这些情况，我走访了多个村庄，与当地居民进行了深入的交流。在这个过程中，我学会了如何与不同身份背景的人进行有效沟通，也学会了如何发现问题、分析问题并提出解决方案。

在与当地居民的互动中，我感受到了浓厚的地方文化氛围。家乡的人民热情好客、勤劳朴实，他们的生活方式和思维方式都与城市居民有所不同。通过与他们的交流，我不仅了解到了家乡的历史和文化，更在潜移默化中受到了他们的影响。我学会了尊重和理解不同文化背景的人，也更加珍惜自己的家乡和文化。

这次“返家乡”社会实践活动让我收获颇丰。在认知方面，我对家乡的发展现状有了更深入的了解，也对社会发展中的复杂问题有了更为清晰地认识。在能力方面，我学会了如何与人有效沟通、如何发现问题并提出解决方案。在情感方面，我更加珍惜自己的家乡和文化，也更加坚定了我为家乡发展贡献力量的决心。

这次实践对我未来的职业规划和价值观产生了深远的影响。我深刻认识到，作为一名大学生，我们不仅要关注自己的学业和成长，更要关注社会的发展和家乡的进步。我们应该积极投身社会实践，将所学的知识和技能应用于实际问题的解决中，为社会的发展贡献自己的力量。

同时，这次实践也让我更加明白了责任和担当的重要性。作为新时代的青年，我们应该树立正确的价值观和责任感，勇于承担时代赋予我们的使命和义务。我们要用自己的行动去影响和改变周围的环境，为社会的进步和发展贡献自己的力量。

总之，“返家乡”社会实践活动使我受益匪浅。它不仅让我更加深入地了解了家乡的发展现状和问题，也让我在实践中得到了锻炼和成长。我相信这次经历会对我未来的生活和职业产生积极影响，也会激励我更加努力地追求自己的梦想和目标。

“一起云支教”心得体会

牡丹江师范学院　2022 级　万佳

作为一名大学生，我经常参加学校和社会组织的志愿服务活动，在参与志愿服务的过程中，我得到了宝贵的锻炼机会和实践舞台。在暑假的“一起云支教”活动中，我获得了走进儿童内心世界的机会，与孩子们进行心灵交流的同时也体会到了教育的力量。“一起云支教”活动是一次难忘的经历，它不仅仅能帮助学生完成暑假作业，学习科学文化知识，也为我提供了一个锻炼自我的机会和平台，参加这次暑假“一起云支教”活动使我受益匪浅，让我了解了自身的缺陷和不足，锻炼了我的逻辑表达能力，让我能够树立一个不断完善自己的目标，不断朝着成为优秀人民教师的目标努力奋斗。

在“云支教”前期，我认真了解学生的教育需求，根据学生的特点和需求有针对性地制订教育方案，认真备课、掌握知识点、制作内容丰富的 PPT。支教期间，我积极与学生进行沟通，通过线上直播、教学视频、知识点讲解等方式，帮助学生更好地掌握知识点、增强学习兴趣、提升学业成绩。在这一过程中也让我深刻理解了人民教师这一身份的伟大之处，不仅要有渊博的知识，还要有无私奉献的精神和一颗关爱孩子的心。支教过程中，我们也遇到了许多挑战，例如，双方网络信号差、沟通陷入僵局使课程难以继续进行、孩子的注意力有时会被屏幕外的其他地方吸引等问题，但让我记住的更多的是家长和孩子的配合，孩子们的求知若渴、及时反馈、主动学习。这些反馈仿佛让我见证了自己辛勤培育的花朵绽放，我既感动又自豪。我们在课堂中一起开展了快乐阅读、健康运动、云讲堂、云研学等活动；共同阅读《夏洛的网》，一起交流读书感悟，分享读书的心得；一起视频云运动，强身健体；一起观看《觉醒年代》红色影片，了解历史，感受少年的肩上不仅有清风朗月，更有家国担当。在我们共同学习的日子里，孩子们积极参与、勤学好问，让我看到了教育的无限可能。而一起研学更是让我见识到了孩子们的创新思维和解决问题的能力，我们共同探索科学奥秘，激发了他们对未知世界的好奇心。这次"云支教"经历让我深刻认识到，教育不仅是传授知识，更是陪伴成长。我期待未来能够继续为教育事业贡献自己的力量，与更多孩子一起探索、学习、成长。

参与"云支教"活动后，我也深刻的了解到网络远程教育可以跨越地理障碍，帮助偏远地区学生接受更优质的教育资源，让他们感受到教育的公平性。通过互联网和设备，获得优质的教育并不遥远。"云支教"活动加强了我们之间的联系，我们共同努力，分享知识，这是一种独特的体验。通过"云支教"活动，我尽自己所能帮助别人，不仅改善了他人的生活，也提升了自己的精神境界。"一起云支教"活动是一次非常有意义的经历，我深感教育的力量和价值。在这个过程中，我和当地的孩子们一起学习和成长，通过设计课程与孩子们交流学习，帮助他们完成作业，克服难题，他们对待学习的热情和对知识的渴求让我深受感动。同时，我也体会到了教书育人的艰辛和不易，但我相信只要用心去做，就一定能够取得积极的影响。

春风有信，花开有期。传承优秀文化，赓续中华文脉。"一起云支教"的故事仍在被新一代志愿者们续写，这次"云支教"活动不仅拉近了学生之间的距离，更增进了双方之间的沟通与理解。我们互相分享了学习的快乐，传递创新思维，这种跨年龄的交流，让我们彼此更加了解对方，也让我们更加珍惜这段宝贵的经历。虽然活动时间有限，但各位志愿者的付出与努力会为学生们注入源源不断的正能量。通过这次实践活动，我深刻体会到教育的重要性和价值。教育不仅是知识的传授，更是心灵的沟通；是思想的碰撞，更是梦想的播种。我相信，只要我们用心去教育、用爱去关怀、用智慧去引导，未来的世界一定会更加美好。我会带着这份志愿活动的宝贵记忆，继续在生活的每一个角落播撒爱与希望的种子，愿我们每一次的付出，都化为明亮的星光，照亮更多人前行的道路。我会继续关注志愿服务，传承志愿精神，为更多需要帮助的人送去温暖和关爱，为社会做出更多贡献，成为更有爱心和责任感的人。

奔赴青山之约，共建美好家园

牡丹江师范学院　2022 级　林婷方

2024 年 3 月 20 日，我与加入志愿者部的全体伙伴前往北山公园进行志愿清扫活动。虽然当天的天气多变，时而多云，呼啸的大风令人感到凉意；时而阳光穿透云层，洒下温暖的光辉。但这一切都无法掩盖我内心的喜悦和充实，这一天对我来说非常开心，也非常有意义。通过此次志愿清扫活动，我不仅深刻感悟到爱护环境、保护生态环境的重要性，还意识到作为一名志愿者要有无私奉献和吃苦耐劳精神，也让我深深感受到生逢盛世的青年要勇担共建我们美好家园的艰巨使命。

从古至今，人们一直致力于爱护和保护生态环境。在大量的古典文学作品中，也有改善和保护环境的描写，这反映了古人对环境保护的重视。晋代诗人陶渊明最喜柳树，辞官归隐后，始终与柳树为友。他年轻时还在房前栽下五棵柳树，自号“五柳先生”，并写下了许多爱树的诗句，如：“榆柳荫后檐，桃李罗堂前”“萦萦窗下兰，密密堂前柳”等。唐代诗人杜甫在成都草堂居住时，四季不忘植树，“草堂少花今欲栽，不问绿李与黄梅。石笋街中却归去，果园房里为求来。”以诗代札，向友人换取树苗。宋代文豪苏轼也喜爱种树，“我昔少年日，种松满东冈。初移一寸根，琐细如插秧。”就是描写他少时种树的情景。后来他在杭州做官，修筑长堤，“植芙蓉、杨柳其上，望之如画图”，成为西湖美景之一。明代吴承恩也在《西游记》中描写了火焰山等恶劣环境及其对它们的改造，对五庄观毁坏人参果树等破坏自然的行为进行了处罚。如今，随着我国经济建设发展越来越飞快，加快生态文明建设刻不容缓。

“天不言而四时行，地不语而百物生。”当人类合理利用并友好保护自然时，自然的回报常常是慷慨的；当人类无序开发并粗暴掠夺自然时，自然的惩罚必然是无情的。所以我们要遵循人与自然、人与人、人与社会之间的和谐共生关系，良性循环、全面发展，从而建设持续繁荣的生态文明，构建人与自然和谐共生的社会，在经济发展过程中注重生态环境保护，避免过度开发导致的资源枯竭和生态失衡；保护和修复我们的生态环境、减少生态系统的破坏和污染、维持生态系统的稳定和健康；推动经济发展与环境保护相协调，实现可持续发展；促进环保教育和意识的提高，培养人们对生态环境的重视和保护意识。从而实现人与自然和谐共生，构建美丽中国的宏伟蓝图。

李大钊先生在《“晨钟”之使命》中写道：“故青年者，人生之王，人生之春，人生之华也。青年之字典，无‘困难’之字，青年之口头，无‘障碍’之语；惟知跃进，惟知雄飞，惟知本其自由之精神，奇僻之思想，锐敏之直觉，活泼之生命，以创造环境，征服历史。”青春是一生中最值得珍惜的年华。青年人应具有排除一切困难和障碍的大无畏精神，只有发挥这种大无畏精神，国家才会越走越强，民族才会更有希望。而现在，许多像我们一样的青年志愿者在全国各地默默奉献自己的青春年华，为身边有需要帮助的人、有需要帮助的事尽自己的一份努力，共同创造美好和谐的中国。

当代青年志愿者应当做到吃苦耐劳、克服一切困难、决不退缩、满腔热血，为他人、社会、国家民族奉献自己。哪怕在志愿服务中遇到困难，也不会阻挡前进的步伐，即使身上只有一点点微光，也要以自己为光源把这份微光发散照亮。

在完成清扫工作后，大家一起徒步下山，此时天空飘起绒绒白雪，我们有说有笑同淋雪，无忧无虑赏风景。回到山脚下，雪已停，乌云褪去，白云翻涌，蓝天在白云的衬托下显得分外湛蓝。看到这么令人心旷神怡的景色，我的心中无比感慨大自然的巧夺天工。这样的蓝天白云也证明了我们国家的生态保护工作做得很好，相信美丽中国的画卷会在一代又一代青年人的笔下被绘制得更加绚丽多彩。

“返家乡”志愿服务心得

牡丹江师范学院 2022 级 于珊珊

2024 年 1 月 5 日，我正式到镇政府报道，开展了为期一个月的社会实践志愿活动，我很荣幸能够在寒假期间有机会在镇政府纪检部门实习，这段时间对我而言是非常宝贵和难忘的。

那一天，阳光明媚，我带着兴奋和激动的心情，踏上了前往镇政府的车。这是我第一次真正接触社会，亲身参与公共事务，心中的期待无以言表。到达镇政府后，我立刻感受到了这里的和谐与秩序，人们忙碌却有条不紊地工作着。

我被分配到了纪检部门实习，这个部门在我心中一直都是非常严肃和严谨的。然而，在这里工作的每一天，都让我感受到了不同的氛围。部门里的领导和同事都非常热情友好，他们教会了我许多工作技能和经验，使我在短时间内迅速适应了工作环境。

首先，实习期间我学会了如何在一个组织中有效地与他人合作。纪检部门是一个重要的部门，需要与其他部门密切合作，以确保政府运作的透明度和廉洁性。在这个过程中，我学会了如何与不同背景和职能的人有效沟通，学会了倾听和理解别人的观点，以及如何妥善处理团队内部的分歧和冲突。

其次，我对政府内部的运作和管理有了更深入的了解。通过参与纪检部门的工作，使我有机会接触到各种各样的文件，了解到政府在监督和管理方面所面临的挑战和困难。我也学会了处理和解决一些复杂的问题的方法，还见识到了政府是如何制定有效的政策和措施来改善管理和运作的。

此外，实习期间我也提升了自己的专业能力和技能。在纪检部门的工作中，我学会了如何进行调查和分析，如何撰写报告和文件，以及如何利用各种工具和技术来支持工作。这些技能不仅对我当前的学习和未来的职业发展有所帮助，而且也让我对自己的能力和潜力有了更深的认识。

最后，在这个部门里，我主要负责协助他们处理一些日常事务，如文件整理、数据统计、会议记录等。这些看似简单的工作，却需要极大的细心和耐心。在实习期间，我深刻地体会到了政府工作的重要性和严谨性，每一个细节都可能影响到整个工作的成败。

在这一个月里，我有幸参与了一些重要的会议和活动。我见证了镇政府的工作是如何高效而有序进行的，也看到了他们是如何为群众的利益而努力工作的。这让我更加坚定了自己的信念，也让我明白了自己的责任和使命。

除了工作上的收获，这段时间的生活也让我受益匪浅。在镇政府，我结识了许多新朋友，我们一起工作、一起学习、一起分享生活的点滴。他们的热情和乐观感染了我，使我在这个陌生的环境中感受到了温暖和关爱。

通过这次实习，我也对自己的职业规划有了更清晰的认识。我意识到自己对政府工作领域的兴趣、热情和向往。因此，毕业后我打算考取公务员。我相信通过努力学习和不断提升自己的能力，能够成功地实现这个目标。这次实习经历不仅让我更加明确了自己的职业方向，也增强了我对公共管理领域的热忱和决心。

在未来的学习和工作中，我将继续锻炼自己的专业能力，关注时事政策，不断提高自己的素质，为将来成为公务员奠定坚实的基础。我深知公务员岗位的责任重大，需要不断学习和提升，我愿意为之努力，为社会贡献自己的力量。希望通过自己的努力和坚持，能够成为一名胸怀大局、勤奋务实的优秀公务员，为国家和人民的发展献出自己的绵薄之力。

总的来说，这个寒假的社会实践志愿活动对我来说是一次非常宝贵的经历。它不仅让我了解了社会现实，也让我认识到了自己的不足和需要提高的地方。同时，我也更加明白了自己的使命和责任，为自己的未来发展奠定了基础。

在未来的日子里，我会继续努力学习和成长，不断提高自己的能力和素质，为更好地服务社会和群众做好准备。这个月的实习经历，将是我人生中一笔不可多得的财富，也将是我永远珍藏的回忆。

云随雁字长，尊老敬老暖重阳

牡丹江师范学院　2022 级　杨冬月

在重阳节这天，我们来到了敬老院，和爷爷奶奶聊天、做游戏，在房间中充满了欢声笑语，但其中一些画面不禁让我落泪。仅仅是聊天，许多老人都因此感动到流泪，他们和我的爷爷奶奶年纪相仿，自从我到外省上大学以来，我和爷爷奶奶半年才能见一次，奶奶每次和我打电话，话语中字字都充满了思念，我想我的奶奶和敬老院中的爷爷奶奶一样，时刻都在想念着家人。孩子们有些是为了求学，有些是工作太忙，总归都是有一些原因不能常常陪伴在老人身边。

尽管现在科技发达，我们可以通过微信视频电话聊天，但这对于一些老人来说太难操作。我们现在好像很少有耐心去教会他们做一些事情，总是以自己太忙了、没空、下次吧等说辞一次又一次来推辞。鲁迅先生曾经说过："时间就像海绵里的水，挤挤总会有的。"我觉得这句话不仅是用来督促我们学习的，另一方面也是在告诉我们应该多抽出时间来陪陪家人，像小时候父母陪着我们从蹒跚学步到一步步成长一样。科技总归是没有感情的，而且有些话通过手机不能更好地表达，见一次面比打十次视频电话都管用的。

在敬老院时，我碰到了院长，他告诉一位爷爷今天他的女儿十点来接他，我们八点到达时，那位爷爷就一直在收拾东西，脸上洋溢着开心。其他老人也投来羡慕的眼光，好像在他们这里有人接是一件很值得炫耀的事。就像我们小时候在幼儿园时，如果自己的妈妈最早来接我们放学，那也是一件值得炫耀的事情。老人的想法很简单，心里只想着晚年和自己的孩子生活在一起。但是孩子会希望自己挣更多的很多钱，才能给父母想要的生活。这就是在中国式教育下缺少沟通的表现，就算父母很想我们，他们也不会说一个字，因为怕成为我们的拖累。

这次活动带给我的更多是心疼，我仅仅作为一个陌生人，陪他们唱歌、做游戏、聊天，他们便可以如此开心，我想此刻他们肯定希望我是他们自己的孩子。含蓄的中国人总是不善言辞。记得有一次我和奶奶聊天聊到了养老的问题，她问我，长大会不会陪在她身边，我那时开玩笑说，到时候不陪你就把你送养老院去，让你和一群老人聊天，你应该也会很开心吧。可是奶奶瞬间严肃起来，她说那样还不如不管她，我不理解为什么她这样说。后来再追问，她便以做饭为由，拒绝回答我这个问题，可能是不好意思再说下去。直到经历过这次活动之后，我才深深地理解她为何会如此说。我以为她会快乐，可是和别人聊天只是她无聊的消遣，她本身可能并不喜欢这样。有一次偶然听到了奶奶谈论说我是她的骄傲，在平常她是绝对不会夸我一个字的，可是后来才从别人口中得知她每次聊天都会夸奖我。

所以我们应该多花时间来陪伴家人，人老了都是会想家的，老人们不会希望待在一个不熟悉的地方。他们的适应能力很差，会需要很长时间来适应磨合新环境，我想他们可能晚上也会因想念家人而偷偷掉眼泪。作为家人应多陪伴老人，让他们真正做到安享晚年，享天伦之乐。

敬老、养老作为中国五千年传承下来的优良传统，应该更好地传承下去。在这次活动中增强了我的责任感与使命感，深入社会，切实感受到了老人的世界。

抗疫志愿服务心得

牡丹江师范学院　2019 级　安日东

回望三年抗疫防疫历程，在党的坚强领导下，在全国各族人民的团结奋斗下，我们取得了抗击疫情的伟大胜利。在这一过程中，正是由无数个体的无私奉献，才汇聚成全民族的中国力量。

作为一名青年大学生，在抗疫过程中，我有幸贡献出自己的一份力量，用自己的萤萤之火为抗疫之光增添了一点光彩。在参与抗疫的过程中，我无数次被领导、老师、同学们做出的巨大的努力所感动，有很多个感人的瞬间，让我难以忘怀。

校园抗疫正是全国抗疫的一个缩影，作为人员密集场所的大学校园，自然成为疫情防控的重中之重。在牡丹江地区出现疫情之时，学校领导班子果断做出对校园实施临时封闭管理的规定。各二级学院领导、辅导员非必要不得外出，全都留宿学校。二级学院的领导老师及辅导员老师们舍小家为大家，将家中的孩子托付给年迈的父母，父母生病也只能委托爱人照顾。他们没有丝毫抱怨，而是每天时刻关注学生的思想动态，深入学生寝室，了解同学们的状况，与同学们亲切的谈心谈话，大大减轻了学生因封校而产生的恐惧和焦虑心理，使学生能够更好地投入学习当中。

为了解决疫情无法线下上课的问题，网课第一次出现在我们的视野当中。腾讯会议和钉钉等软件虽然让不熟悉互联网的中老年教师们无所适从，但是他们为了保证教学的质量，认真学习网络平台的使用，加班加点设计更适合线上教学的讲稿课件，并在课前多次试课试讲。在授课过程中，因为无法像线下教学一样直观地了解学生的接受情况，他们更是打起了十二分的精神，与学生进行公屏互动、连麦沟通，并对学生进行心理疏导。曾有老师坦言，线上课堂要在教学过程中保持注意力高度集中，虽然还是很难达到线下授课的效果，但是通过不断地与学生沟通，也能确保教学取得实效。

学生干部作为学校与学生之间沟通交流的桥梁，在抗疫过程中，他们无私地奉献自己的时间，一次次统计学生的日常状况，进行日报表、周报表，不厌其烦地统计着各种各样的数据，在完成自身学业的同时，奔赴在各类志愿活动的一线。在核酸检测的过程中，无论严寒酷暑，他们都裹着不透气的防护服，配合医护人员做好扫码工作。在脱下防护服和口罩后，面对满脸的勒痕和湿透的衣服他们没有怨言，而是笑着相互打趣，为抗疫增添了活力。

大学生们在封校期间并没有怨声载道，而是深刻地认识到封校是为了保护大家的生命安全。学生都积极配合学校的工作，做到非必要不外出；在出现身体状况异常时及时上报，配合学校的隔离工作，避免了疫情的蔓延；在寝室楼群中，当有人需要药物等物资时，更是一方有难八方支援，大家都会积极主动的献出爱心，互相帮助解决问题，渡过难关。在志愿活动当中，充分体现了青年大学生的责任与担当。在志愿活动报名时，大家争先恐后的参与报名，一声声“我来”“算我一个”“我也要参与”，充分保障了各类抗疫工作的正常开展。在报名过程中，曾有多名面临着论文、毕业、就业压力的大四学姐和学长参与报名，我问他们时间是否充裕，他们笑着说："我们的事都是小事，能为抗疫做出一点贡献，帮助到大家才是大事。"在防止校外人员进入学校的护校过程中，无数志愿者顶着严寒酷暑，风雨交加的天气，左手拿雨伞，右手拿手机听课。牺牲了自己的课余时间，甚至是吃饭时间，保障了校园抗疫的"最后一千米"。

正是因为无数教职工与无数学生的无私奉献，和这些不能忘却的感人瞬间，才保障了校内的零感染，也保障了莘莘学子的生命安全。我想，抗疫战争取得了伟大胜利的原因，正是因为有无数个群体的共同努力。我相信只要我们坚定理想信念，不断爬坡过坎，就没有中华民族战胜不了的困难，就没有中国人民翻越不了的大山。

青少年夏令营心得体会一

这次为期一周的研学之旅汇聚了很多学校的学生，虽然我们用不同的方言交流，但是都饱含真情、理解和包容，共筑友谊桥梁。此行如纽带般紧系青少年之心，我们共赴实践基地，探索抗联文化的深厚底蕴与自然之美。

我们重温抗联历史，从"重走抗联路"到参观纪念馆，每一站都对东北抗联精神致以深刻敬意。革命先烈的英勇事迹让我们感受到中华民族团结一心、共克时艰的伟大力量。同时，丰富的文化体验，如音乐剧《永不磨灭的信念》、靺鞨绣展示等，进一步拓宽了我们的视野，加深了对中华文化的理解。

此次活动不仅巩固了我们对抗联理论的认识，更在心灵深处种下了"中华民族一家亲"的种子。我们学会了倾听与尊重，感受到五十六个民族和谐共生的美好。尤其是"中华民族一家亲"，这是我在此次夏令营中最深的体会。各民族像石榴籽一样紧紧抱在一起，就如我们项目学员手册封皮徽章所展示的那样，中华民族共同体犹如一轮红日在牡丹江这片林海雪原中绽放光芒。跨民族的交流与融合，增强了民族自豪感和归属感，也为国家统一和社会稳定贡献力量。

回望这段旅程，山路上的互相扶持、破冰游戏中的欢声笑语，成为我们共同珍藏的宝贵记忆。这些经历教会了我们团结协作、勇于挑战，激励着我们在未来的道路上继续前行。

青少年夏令营心得体会二

在这次夏令营活动中，我们一同参观了牡丹江地区的东北抗联文化遗迹遗址，这段经历让我深受触动。东北抗联精神是一种坚定的信仰和不屈的意志。在那个艰苦卓绝的年代，抗联战士们在白山黑水间与敌人殊死搏斗，他们不畏严寒、不惧饥饿，为了国家独立和民族尊严，英勇献身。

此次活动中，最令我感动的是我们来自不同学校、不同民族的师生们汇聚一堂，共同学习、交流，深刻感受东北抗联精神。这让我更加体会到中华民族共同体意识的重要性。虽然我们来自不同的地方，拥有不同的民族背景，但我们都是中华民族的儿女。在东北抗联的历史中，各民族战士团结一致，共同抗击侵略，他们的行动彰显了中华民族团结一心、众志成城的伟大力量。

通过这次活动，我们更加坚定了传承东北抗联精神、铸牢中华民族共同体意识的决心。我们要将这份精神带回学校和家庭，让更多人了解和铭记这段历史，让中华民族共同体意识在我们的心中生根发芽。铭记历史是为了更好地前行。让我们以抗联精神为引领，坚定信仰，勇于担当，为实现中华民族伟大复兴不懈奋斗。

第四节　做好新时代辅导员工作
落实立德树人根本任务

一、项目名称：雪城文化传媒与翻译公司

（一）项目概述

第一，雪城文化传媒与翻译公司创业项目以服务地方经济文化建设为目标，致力于为政府机关、企事业单位提供优质的文化外宣和翻译服务，与本地客户建立了长期、稳定和信任的合作关系。

第二，雪城文化传媒与翻译公司五名翻译成员均为英语翻译在读研究生和本科生，持有相关外语等级证书，并具有丰富的网络媒介外宣工作经验，可为客户提

供优质的外宣和翻译服务。

第三,雪城文化传媒与翻译公司秉持优质和高效的服务态度、先口碑后盈利的经营理念,承接各种文化外宣和翻译任务,包括新闻网站翻译、旅游宣传材料翻译等语言服务。

第四,雪城文化传媒与翻译公司成立后主攻牡丹江市的翻译市场,目标是在半年内打好英译汉和汉译英翻译的口碑,一年内将其他翻译项目扩大充实,将市场拓大至黑龙江省范围,并且拓展公司业务项目。

(二)公司简介

1. 公司概述(包括公司 logo 的介绍及公司的经营理念等)

如图 3-1 所示,公司 logo 以三个不同形状的“L”组成,形状如同一片雪花,代表着雪城文化,同时也象征着组员们工作时齐心协力,充满热情。

图 3-1　公司 logo

公司名称:雪城文化传媒与翻译公司

成立时间:2021 年 6 月

经营理念:雪城文化传媒与翻译公司创业项目以服务地方经济文化建设为目标,致力于为政府机关、企事业单位提供优质的文化外宣和翻译服务,与本地客户建立了长期、稳定和信任的合作关系。雪城文化传媒与翻译公司五名翻译成员均为英语翻译在读研究生和本科生,持有相关外语等级证书,并具有丰富的网络媒介外宣工作经验,可为客户提供优质的外宣和翻译服务。雪城文化传媒与翻译公司秉持优质和高效的服务态度、先口碑后盈利的经营理念,承接各种文化外宣和翻译任务，包括新闻网站翻译、旅游宣传材料翻译等语言服务。

雪城文化传媒与翻译公司成立后主攻牡丹江市的翻译市场，目标是在半年内打好英译汉和汉译英翻译的口碑，一年内将其他翻译项目扩大充实，将市场拓大至黑龙江省范围，并且拓展公司业务项目。

2. 公司现状

雪城文化传媒与翻译公司立足于服务地方经济文化建设，致力于为黑龙江省各级政府机关、企事业单位提供优质的翻译服务。在工作团队方面，公司从高层管理者到基层工作者多为大学毕业生，对工作充满热情、朝气蓬勃、干劲十足，有决心更有实力将公司做强做大。

3. 发展规划

第一，起步阶段，2021 年 6 月至 2021 年 12 月。公司通过牡丹江师范学院翻译硕士实习基地平台，与牡丹江市文旅局等政府单位建立合作关系，为公司的未来发展打好坚实的基础。

第二，成长阶段，2022 年 1 月至 2022 年 12 月。公司继续与牡丹江市外事办、商务局、镜泊湖管委会、牡丹江恒丰纸业等企事业单位建立合作关系，对于所有翻译项目，均严格执行“翻译、译审、校对”的操作流程，并在此基础上拓宽业务范围，继续招聘专兼职译员，继续壮大公司的翻译队伍。

第三，最终目标，2023 年 1 月至 2023 年 6 月。面向全省各地的企事业单位，确定长期合作对象，建设自己的网络翻译服务平台，得到翻译业内认可，为本省的经济文化建设贡献力量，结项。

（三）产品与研发

1. 产品/服务介绍

雪城文化传媒与翻译公司服务分为两个重要类别，即口头翻译（interpretation，简称：“口译”）和笔头翻译（translation，简称：“笔译”）。翻译类别和外事翻译因翻译活动的多样性而呈现多种形式，例如口译还可以进一步分为交替传译（consecutive interpretation，简称：“交传”）和同声翻译（simultaneous interpretation，简称“同译”）。翻译方式有汉语译成外语（简称“汉译外”）和外语译成汉语（简称“外译汉”）两种。翻译程度可分为全文翻译（full translation）和部分翻译（partial translation）。

(1)产品的用途、功能

外事翻译即涉外翻译,涉及口译和笔译两种形式,翻译内容主要包涵各种外交、外事场合上的讲话和文件。在外事场合,通常同时使用口译和笔译。如建交谈判和关于国际公约的谈判,都要求译员既能口译,又能将所谈的内容和结果落实到文字上,成为公报、公约、条约备忘录、协议等。有时是先口译,然后产生文件,有时则在讲话、演讲前将稿件译好,再到现场作口译。

外事翻译是一项非常严谨的工作,也可以看作是一项保密工作,其内容通常涉及国家的立场和政策,稍有差错,就可能影响到一个国家的政治、经济利益、形象、声誉、地位及其国际关系等,会给国家和人民造成无可挽回的损失。此外,外事翻译具有较强的时效性,外事口译工作一般要求译员当场完成翻译过程,笔译也通常要求在规定的期限内完成,例如,国际首脑会议的即席发言稿或修改事先草拟的发言稿,写完将立即从会场传出,再由场外的笔译人员译成外语,后转交到会场上同声传译的译员手中,以保证翻译的时效性。

外事笔译是指外事书面翻译。外事笔译的内容主要是各种外交、外事场合的讲话稿,如国际会议讲话稿,宴会、招待会议的祝酒词,以及外交交涉用的说贴、声明,国家间的照会、信函、公报、协议、条约等正式外交文件。笔译译员的工具是电脑,成果是书面译文。外事笔译翻译译文文件是对外提供、公开发表、长期保存的,必须经得起审查、琢磨和推敲,具备很强的政策性和国际法律性。所以,对笔译内容要求很高,不仅要求译文正确、准确、完整、严谨,而且要求译文通顺、优美。这就要求笔译人员具有较高的语言修养,需要有事业心、责任感和埋头苦干的奉献精神。

外事口译又称外事口头传译,是现场翻译,一般是指同声传译。外事口译的主要任务是,担任我国领导人出访或外国领导人来访时,双方的多言谈判、会谈、交谈时的现场翻译,对各种场合的演讲、讲话或参观访问时的介绍等进行翻译。在双边会谈中,这种翻译通常采用交替传译方式。在国际研讨会、国际大会、国际组织的年会等各种会议上通常采用同声传译。要成为一个合格的口译译员,除了具有翻译译员的一般素质外,还必须具备扎实的语言功底。外事口译对译员的要求更高,口译员不仅要有敏锐的听觉,还需要熟悉记者招待会、新闻发布会、论坛、学术交流、商务谈判等各种外事场合的相关情况,从而做到随机应变,灵活应对可能出现的一切问题。

笔译和口译、交替传译、同声传译具有不同特点。笔译可以查字典、找参考资料、与同事商讨，可以反复研究、体会原文，可以琢磨、推敲、斟酌字句。但是口译、交替传译、同声传译，译者都要在讲话人讲话的同时听清、领会讲话的内容，记住讲话的原话、原词，并立即用另一种语言清楚、准确地表达出来，他们没有足够的思考时间，也没有查找字典、资料和与他人探讨的条件。并且人们讲话往往有口音和风格的区别。有的喜欢用简单明了的短句，有的则爱用一句套一句的复杂句；有的口齿伶俐、发音清楚，有的则口齿含混、吞音吃音；有的说话慢条斯理、有板有眼，有的则说话速度很快，句与句之间没有停顿。但任何情况下，人们都期待译员能够迅速、完整、准确地将话语翻译出来。

汉语翻译外语（translation from Chinese into a foreign language，简称“汉译外”）和外语翻译汉语（translation from a foreign language into Chinese，简称“外译汉”），是两个不同的翻译过程。汉译外首先要理解汉语原文、原话意思，再用外语表达出来。而外译汉正好相反，先理解外语的原文、原话的意思，再用中文表达出来。对于绝大多数人来说，外语学得再好，也不如母语讲得好，表达一般比理解更难一些。因此，联合国聘用语文专业人员有一条规定：翻译审校要一律以母语为译入语言（在联合国机构里，中国人只负责外译汉工作，而汉译外则是聘请外国人）。因此，在国际翻译界，从事翻译工作的人大多是将外语翻译成本国语言。但是由于国外懂中文并能够担任翻译的人员甚少，中国翻译在大多数情况下也会进行双向对译。汉译外和外译汉这两种翻译过程都有一定的难度，大多数雪城文化传媒与翻译公司的工作者认为汉译外更难一些。

（2）行业领域

①IT 翻译

在竞争激烈的 IT 和软件工程行业中，如何进一步提升客户体验并建立稳固的品牌忠诚度是每个公司都会面临的挑战。随着实现产品差异化的难度不断加大，保持客户忠诚度的关键在于增加产品的价值、并更人性化地采用客户的本地语言与客户进行交流。

在过去十多年中，IT 行业的发展大大推动了本地化行业的快速成长。IT 和软件工程行业的发展，促使不同国家的人可以跨越国家和文化界线共享信息，从而真正实现了世界经济的全球化。这个过程十分复杂，也花费了巨大的成本。

在软件本地化的过程中，翻译并调整用户界面、帮助文件、网页技术文档都会涉及相对独立的工作流程，而这些单独的流程又必须互相协调配合以确保最大限度地节约成本、缩短产品投入市场的时间并保证最终产品呈现较高的一致性。

雪城文化传媒与翻译公司可以帮助客户将产品和软件应用程序改写成目标语版本,从而加速实现产品的全球化。公司的项目流程和质量保证系统可以确保客户的本地化软件在功能、语言和文化上都精准无误,同时采用最实用的技术,并结合已有的项目管理系统尽可能地使每个本地化步骤自动化。从最初的产品分析和摘取本地化元素,到最终重新整理并测试所有语言版本,公司的每位团队成员在流程的各个阶段都会严格遵守"质量第一"这一深入人心的理念。

经过多年的深厚积累,公司在信息技术和软件工程行业中已经拥有大量客户。无论是软件本地化、网站本地化(翻译)、白皮书翻译、还是国际化流程咨询,公司都会用最完整的技术和方案来满足客户各方面的需求。

②电子及通信业

电子及通信业是全球竞争最激烈的行业之一。要想在竞争中获得领先地位,公司必须不断升级产品并缩短产品的研发时间,或者不断开拓全球新兴市场。在中国市场,行业具有降低生产成本和开拓新市场的双重机会。随着进入新兴市场的电子及通信公司不断增加,行业需要面对的市场挑战也越来越多。

通信(通讯)设备和电子产品都属于高科技产品,不仅需要高质量的产品,还需要涵盖产品细节的说明文档。此外,这两个行业的技术发展日新月异,促使各公司不断加快开发新产品的步伐。为了在全球市场获得成功,电子及通信业公司必须努力提高客户体验、建立强有力的品牌,并需要本地化其产品,以便被当地市场接受,本地化的产品需要符合当地的文化习俗和商业惯例。同时,他们还必须根据当地的语言和文化提供适当的说明文档和产品支持。

雪城文化传媒与翻译公司是专业的翻译和本地化公司,可以提供优质的翻译服务。公司已经和许多全球领先的电子及通信公司建立了合作关系,为他们提供产品的本地化和资料翻译的专业服务。公司在电子及通信领域工作的本地化人员时刻关注着该行业的最新技术和发展动态,不断积累专业知识。凭借着公司对行业的深入了解和丰富经验,能够给客户提供最优质、最全面的资料翻译和本地化服务,包括打印文档、在线帮助文件、图形用户界面等等。公司确保内容准确,保证关联性和一致性;快速提交本地化服务,及时更新本地化资料;在所有内容和信息范围内,体现一致的客户品牌信息;降低管理费用,减少流程分散所造成的低效;符合当地的法规、文化和宗教。

雪城文化传媒与翻译公司采用先进高效的管理系统和流程控制来满足客户的各种严格需求。同雪城文化传媒与翻译公司拥有经验丰富的伙伴合作,将有助于客户成功地实现全球化目标。

③金融法律类翻译

为了吸引新客户并维护老客户的忠诚度，各国公司都在寻找合适的方法来提升用户体验。因此，准确地以当地语言来传达信息、为用户提供个性化的服务感受，是业务最终取得成功的关键因素。

金融和法律界尤其如此。对于这些领域，除了需要及时交付服务，更要特别关注术语和相关参考资料的正确性。此外，由于各国的商业惯例和文化背景存在差异，造成对银行、信用、债务、安全性和其他特殊概念的理解也会有差异，进行本地化时必须要格外注意与当地的商业惯例和文化保持一致。近年来，随着法律和法规的不断完善，客户在进行日常业务时也会涉及法律法规。

雪城文化传媒与翻译公司在银行、保险、其他金融服务领域和法律合同翻译领域中都具有丰富的经验，能够为客户提供灵活、全面、专业的本地化解决方案，帮助客户实现自己的本地化目标。同时公司还具备金融、法律和安全领域所需的专业知识，保证本地化后的产品符合当地的法规和商业惯例。

凭借着雪城文化传媒与翻译公司丰富的实践经验、积极的工作态度、专业的翻译技能、卓越的本地化和开发能力及一流的服务方案，与公司合作会给客户带来全新的体验。公司用以下方法来帮助客户实现自己的全球战略：建立专业的项目管理系统，通过有效的项目运作来缩短产品投入全球市场的时间；简化客户内部系统中的本地化流程和技术要求；充分利用雪城文化传媒与翻译公司在亚洲庞大的人才资源网络；将客户的本地资源与公司的审核流程相结合，从而降低人力成本，提高质量和效率；以极具竞争力的价格提供质量更高、更准确地道的服务；及时更新行业专业知识，确保本地化产品符合当地规范；

(2)产品/服务特色优势(新颖性、先进性、独特性、竞争优势)

第一，雪城文化传媒与翻译公司服务本地对外经济贸易，助力龙江经济增长。牡丹江市是我国重要的口岸城市，是“一带一路”节点城市，也是龙江陆海联运的枢纽城市。在强大的对外贸易背景下，雪城文化传媒与翻译公司将为中国-俄罗斯博览会、绥芬河国际口岸贸易博览会、牡丹江国际木博会、牡丹江黑木耳节等重要国际商务洽谈会活动提供翻译服务。

第二，雪城文化传媒与翻译公司服务龙江旅游民俗外宣，助力对外文化交流。黑龙江省旅游资源十分丰富，例如镜泊湖的高山堰塞旅游、漠河北极光旅游、亚布力与雪乡的冰雪旅游、齐齐哈尔扎龙的湿地旅游、五大连池的火山地貌旅游等等。

雪城文化传媒与翻译公司将为各级政府文旅局和国外游客提供景区和民俗介绍等翻译服务。

(四)市场营销

1. 市场分析(行业背景、现有市场规模及增长趋势等)

目前各国的翻译业务平稳增长,各翻译公司存在英语仍然是主流,小语种翻译需求量逐渐变大的普遍情况。原来小语种翻译人才缺乏的现象已经得到改善,只是翻译价格相比英语翻译稍高。小语种翻译现在所遇到的问题是续期困难。由于一些小语种国家文化建设速度较慢,文字还不够规范,许多专业中使用的术语都是英语直译,小语种多运用于普通对话,官方正式的交流都用英语。导致了翻译形式多为“召之即来”的业务合作。在报酬方面,中英互译的翻译服务费每千字在 50~150 元不等,而小语种的翻译服务费则要高出 50%,有的稀缺语种甚至高出 200%。

2. 市场定位(地域、产业链、市场占有率等分析)

牡丹江在黑龙江省对外贸易活动中占举足轻重的地位,与英、美、澳大利亚、加拿大、新西兰、俄罗斯等东亚地区国家均建立了长期的友好交流与往来,全市有外贸经营权的企业达 700 多家,企事业部门对高质量的翻译服务需求量很大。对外贸易额年均 90 亿美元左右,“国际木博会”“金秋节”等大型国际交流平台极其缺乏商务口译、笔译人才。

(五)竞争方式

雪域文化传媒公司的竞争对手如表 3-1 所示。

表 3-1 竞争对手

本土翻译行业的竞争对手	简介
红枫翻译公司	牡丹江市翻译公司
各类在线翻译网站	服务免费但是质量有限
其他	私人翻译

1. 风险分析(分析资金、技术、市场、环境、管理等存在的风险和规避方案)

(1)翻译行业内部的竞争。导致行业内部竞争加剧的原因可能有下述几种:

①行业增长缓慢，对市场份额的争夺激烈；②竞争者数量较多，实力大抵相当；③竞争对手提供的产品或服务大致相同，或者只体现出少数差异；④某些企业为了规模经济的利益，扩大生产规模，市场均势被打破，产品大量过剩，企业开始削价竞销。

(2)翻译行业顾客的议价能力。行业顾客可能是行业产品的消费者或用户，也可能是商品买主。顾客的议价能力表现在能否促使卖方降低价格，提高产品质量或提供更好的服务。

(3)翻译行业供货厂商的议价能力。表现在供货厂商能否有效地促使买方接受更高的价格、更早的付款时间或更可靠的付款方式。

(4)翻译行业潜在竞争对手的威胁。潜在竞争对手指那些可能进入行业参与竞争的企业，它们将带来新的生产能力，瓜分已有的资源和市场份额，导致行业生产成本上升、市场竞争加剧、产品售价下降，减少行业利润。

(5)翻译行业替代产品的压力。指具有相同功能或能满足同样需求，从而可以相互替代的产品产生的竞争压力。

2. 营销策略

(1)定价

雪城文化传媒与翻译公司服务报价详情如下：

①笔译价格(表3-2)

表3-2　笔译价格　　单位：元/千字

常见语种	笔译类型	英语	日语/韩语/朝鲜语	德/法/俄	西班牙	阿拉伯	意大利	葡萄牙
外译汉	阅读交流级	130	200	220	300	300	300	300
	标准工业级	160	220	240	320	320	320	320
汉译外	阅读交流级	180	240	260	320	320	320	320
	标准工业级	220	260	280	400	400	400	400

a. 笔译稿件等级说明：

阅读交流级：辅助阅读、内容概要、参考资料，主要用于翻译非正式文件。

标准工业级：技术文件、对外宣传等资料，要求：术语统一、语句流畅、差错率不高于千分之五。

另有其他级别：例如，用于国外或正式途径发表的法律级、官方正式文件等资料；对语言要求极高，需译者达到母语水平；必须要求外籍译员审校文件。要求：术语统一、语句符合目标语种的表达习惯及用法、差错率不高于千分之三。

b. 字数统计方法：字数统计按照 Word 工具中的字符数（不计空格）为准，文件中如包括文本框、页眉页脚、图片文字批注等应另外统计，与字符数（不计空格）相加形成总字数。

②口译报价（表 3–3）

表 3–3　口译价格　　单位：元/千字

<table>
<tr><th>口译类型</th><th colspan="3">英语</th><th colspan="3">日韩俄德法</th><th>其他语种</th></tr>
<tr><td rowspan="2">同声传译</td><td>普通</td><td>高级</td><td>资深</td><td>普通</td><td>高级</td><td>资深</td><td rowspan="2">15 000</td></tr>
<tr><td>8 000</td><td>9 000</td><td>14 000</td><td>8 500</td><td>10 000</td><td>15 000</td></tr>
<tr><td rowspan="2">交传口译</td><td>普通</td><td colspan="2">高级</td><td>普通</td><td colspan="2">高级</td><td rowspan="2">4 500</td></tr>
<tr><td>2 500</td><td colspan="2">4 000</td><td>3 000</td><td colspan="2">4 300</td></tr>
<tr><td rowspan="2">工作陪同</td><td>非专业</td><td colspan="2">专业</td><td>非专业</td><td colspan="2">专业</td><td rowspan="2">1 875</td></tr>
<tr><td>900</td><td colspan="2">1 500</td><td>1 500</td><td colspan="2">1 800</td></tr>
<tr><td rowspan="2">生活陪同</td><td>普通</td><td colspan="2">高级</td><td>普通</td><td colspan="2">高级</td><td rowspan="2">1 500</td></tr>
<tr><td>700</td><td colspan="2">1 000</td><td>1 200</td><td colspan="2">1 500</td></tr>
<tr><td>外派口译</td><td>非专业</td><td colspan="2">专业</td><td>非专业</td><td colspan="2">专业</td><td rowspan="2">18 000~35 000</td></tr>
<tr><td>（人民币/人/月）</td><td>15 000</td><td colspan="2">25 000</td><td>18 000</td><td colspan="2">28 000</td></tr>
</table>

备注：

翻译工作时间为 8 小时/人/天，加班费用另行规定。

外埠出差交通、住宿等费用由客户承担。

同声传译至少由 2~3 人完成。

③多媒体报价(表3-4)

表3-4　多媒体报价　　单位:元/分钟

听译	中译英	英译中	日/德/法/俄/韩	其他小语种
	120	180	240	380
加字幕	180			

备注:

a. 听译服务包括原语种的听写和对应的笔译服务。

b. 如果听译的资料长度超过30分钟,价格由双方协商确定。

④印刷报价(表3-5)

表3-5　印刷报价

服务项目	类别	规格	价格
数码彩色印刷	普通纸	A4 80 g	3元/P
		A3 80 g	5元/P
	铜版纸	A4 128 g~200 g	5元/P
		A3 128 g~200 g	6元/P
装订	胶装	A4	10元/本
		A3	16元/本
	硬壳精装	—	120元/本
	骑马订	—	5元/本
	软皮精装	—	40元/本
	易扣得	—	10元/本

(2)成本的构成:

①原材料的供应费用(办公耗材等)

②运输费用

③委托加工费

④广告宣传费用

⑤工商税务

⑥人员雇佣

⑦广告宣传费

⑧经营租赁费

(3)广告、促销、商业战略

在广告方面,企业会采用商品广告和企业广告相结合的传播模式。在宣传企业品牌、商标、服务等方面的同时,以开拓性广告的方式着重宣传雪城文化传媒与翻译公司服务项目以激发顾客对产品的初始需求,从而促使新产品进入目标市场。

3. 盈利方式(表3-6)

表3-6　投资现金流量表

单位:万元

	初期	第一年	第二年	第三年	第四年	第五年
固定资产投资	5	—	—	—	—	—
流动资金	5	—	—	—	—	—
收入	—	10	20	30	40	50

根据对未来几年公司经营状况的预测,公司能保持较高的利润增长,拟从净利润中提取合理比例的资金作为股东回报。为此,公司第一年不分红,自第二年以后每年分红为净利润的30%。

(六)发展战略

企业愿景及三年规划目标(产品开发、技术提升、市场开拓、技术人才引进、平台建设、跨地域分布、产业链组建、研发/产业化项目里程碑等)

第一,起步阶段,2021年6月至2021年12月。公司通过牡丹江师范学院翻译硕士实习基地平台,与牡丹江市文旅局等政府单位建立合作关系,为公司的未来发展打好坚实的基础。

第二,成长阶段,2022年1月至2022年12月。公司继续与牡丹江市外事办、商务局、镜泊湖管委会、牡丹江恒丰纸业等企事业单位建立合作关系,对于所有翻译项目,均严格执行“翻译、译审、校对”的操作流程,并在此基础上拓宽业务范围,继续招聘专兼职译员,继续壮大公司的翻译队伍。

第三,最终目标,2023年1月至2023年6月。面向全省各地的企事业单位,确定长期合作对象,建设自己的网络翻译服务平台,得到翻译业内认可,为本省的经济文化建设贡献力量,结项。

(七)财务分析

1.资金来源与运用

公司初期需要外借资金50万(金融机构一年期借款,利率6.06%),用作流动资金,同时考虑到合理的负债比例,公司的资产负债比为1∶6。货币资金来源及运用如表3-7所示。

表3-7　资金来源及运用一览表

单位:万元

	具体项目(货币资金来源)	金额
资金来源	外借资金	50.00
资金运用	原材料	50.00
	委托生产	10.00
	商业宣传	30.00
	商品包装	5.00
	其他营业费用	10.00
	行政管理人员工资	20.00

2.未来五年营收预测表(表3-8及图3-2)

表3-8　未来五年营收预测表

单位:万元

项目	2021年	2022年	2023年	2024年	2025年
一、营业收入	200.00	350.00	550.00	800.00	1100.00
减:营业成本	120.00	146.00	125.00	320.00	460.00
销售费用	89.00	95.00	105.00	110.00	120.00
管理费用	30.00	50.00	60.00	70.00	80.00
财务费用	3.00	0.00	0.00	0.00	0.00
二、营业利润:	-9.00	109.00	220.00	370.00	520.00
三、利润总额	-21.00	59.00	160.00	300.00	440.00
减:所得税费用	0.00	0.00	0.00	0.00	0.00
四、净利润	-21.00	59.00	160.00	300	440

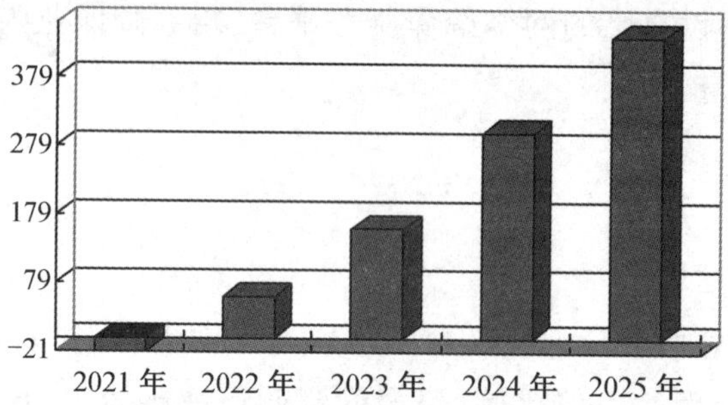

图 3-2　未来五年净利润发展预测(单位:万元)

3. 未来五年费用预测表(表 3-9)

表 3-9　未来五年费用预测表

单位:万元

年份	研发	市场	生产	行政	设备	其他	合计支出
2021	45.00	20.00	25.00	30.00	20.00	12.00	152.00
2022	30.00	35.00	30.00	45.00	15.00	6.00	161.00
2023	45.00	50.00	40.00	60.00	20.00	30.00	245.00
2024	40.00	50.00	45.00	65.00	25.00	20.00	245.00
2025	60.00	65.00	45.00	60.00	30.00	13.50	273.5

(八)融资说明

1. 项目总投入(表 3-10)

表 3-10　项目总收入

投资额	新增投资	需投资方投入	150 万
		对外借贷	50 万
		公司自身投入	技术入股 100 万
说明投入资金的投资概算			制造成本 20 万,营业费 120 万,管理费 85 万,储备流动资金 25 万。
投资方可得到股权比例			45%(注:计算依据:管理者直接提取 20%股份以后,剩余股份按照入股资金分配。)

表 3-10(续)

预计未来三年或五年平均年净资产收益率是 13%	
投资方可享有的监督和管理权利	在现代企业制度下,投资方作为企业的出资者,重要的是行使监管权利,对于经营者的财务行为加以约束,以保证资本安全和增值,另外企业应在财务管理上建立健全有效的财务运行机制,明确责权分工,规范经济行为,合理划分利益,确保资本保持的前提下不断增值,使出资人在企业中的合法利益得到有效的保证和分享。
收回投资的具体方式	年终分红或转让股权
收回投资的执行时间	年终或者是随时转让股权
需要对投资方说明的其他情况	1. 公司的第二部分网络市场,有一定的风险,在短期间内需要按照消费者的不同要求完成,既要保质、保量又要保证时间,执行起来有一定的难度; 2. 公司在成立之初可能市场份额较小,规模扩展还需资金的周转,但是公司一定会第一时间保证投资方的绝对利益; 3. 市场发展前景非常好,公司成立后第一年即可还完外贷,第二年净利润可超过一百万,第三年部分资金用于扩张,剩余利润与第二年相同,第四年净利润可超过两百万,投资回报率在10%以上。

2. 资金用途(资金分阶段使用计划及用途)

(1)制造成本 65 万元:原材料 50 万,委托生产 10 万,物流费用 5 万。

(2)营业费用 50 万元:商业宣传 30 万,商品包装 10 万,其他营业费用 10 万。

(3)管理费 60 万元:行政管理人员工资 20 万,公司装修 40 万。

(4)储备流动资金:25 万元。

3. 资产估值(有形资产估值、无形资产估值及估值计算方法)

(1)投资净现值

$$\mathrm{NPV} = \sum_{t=1}^{n}(\mathrm{CI}-\mathrm{CO})_t(1+i)^{-t} \quad \mathrm{NPV} = 413.2\text{ 万元}$$

银行短期借款(1 年期)利率为 6.06%,长期借款利率为 6.10%(以 2011 年 3 月为准)。因为目前企业资金成本较低,考虑到资金的机会成本和投资的风险性等不确定因素,公式中 i 取 10%(下同),此时,NPV=413.2 大于零。计算期内盈利能力很好,投资方案可行。

(2)投资回收期

通过净现金流量、折现率、投资额等数据用插值法计算,投资回收期为二年零三个月,投资方案可行。

回收期=累计净现值出现正值年数-1+(未收回现金/当年现值)

(3)内含报酬率

根据现金流量表计算内含报酬率如下:

$$NPV(IRR) = \sum_{t=1}^{n} (CI - CO)_t (1 + IRR)^{-t} = 0 \qquad IRR = 17.5\%$$

内含报酬率达到17.5%,远大于资金成本率10%,主要因为本产品优质低价,使得利润率较高,而且前5年内市场增长性很好。

(4)投资回报

根据对未来几年公司经营状况的预测,公司能保持较高的利润增长,拟从净利润中提取合理比例的资金作为股东回报。为此,公司第一年不分红,自第二年以后每年分红为净利润的30%。

二、项目名称:雪域领航——智慧向导一体化服务平台

(一)项目简述

将红色文化融入冰雪旅游业,需要以优秀人文资源为主,将历史文化与现代文明融入旅游经济发展,精心打造更多能体现出红色文化内涵、人文精神的特色旅游精品。要按照发展大旅游、开拓大市场、形成大产业的要求,进一步完善设施、整合资源、加强管理、精心包装、加大宣传、打造精品、扩大开放、创新机制,推动冰雪旅游业高质量发展。牡丹江省的冰雪旅游产业,同东北很多“原”字号产业一样,“原”字号思维导致人们过多关注物质属性而轻视了冰雪精神文化属性,需要把林海雪原抗联文化与本地传统文化有机结合。如长白山区狩猎文化、木帮文化、捕鱼文化、人参文化、采摘文化等,将这些文化深度融合到林海雪原抗联故事中和红色文化体验中,形成一条以“重走抗联林海雪原”为文化核心,一年四季都可吸引游客的、与乡村振兴深度融合的全域旅游发展之路。

1. 项目背景

东北地区拥有丰富的冰雪资源，冬季雪景壮丽迷人。例如，近期突然爆火的哈尔滨冰雪大世界，作为东北最著名的冰雪景区之一，其拥有世界上最大的冰雕展和冰雪主题公园。游客可以在景区里欣赏到各种精美的冰雕作品，体验冰滑梯、雪地摩托等丰富的冰雪娱乐项目。但由于旅游高峰期人流量较大，没有提前规划旅游布局，造成景点拥挤，游客需要排队等待，部分旅游从业人员素质不高，存在服务态度不佳等问题。游客对其他地区的景点了解相对局限，例如吉林雾凇岛、大兴安岭林海雪原等地也是观赏雪景的绝佳去处。随着旅游业的快速发展和数字化转型的推进，传统旅游服务模式已难以满足现代游客的多元化需求。东三省拥有丰富的雪域旅游资源，如冰雪景观、雪上运动等，但缺乏有效的整合和推广。因此，该项目应运而生，旨在通过智慧化手段宣传冰雪旅游业，提升旅游服务质量和效率，做到整体规划、个性选择，在不同地区打造不同特色，使东三省的冰雪红色文化得到全面的推广及传播。

黑龙江省除哈尔滨外的其他地市冰雪旅游活动虽热闹有余，但对外地游客的吸引力明显不够。黑龙江省的冰雪旅游业一直是有传统优势的，哈尔滨作为黑龙江省冰雪旅游的风向标，将冰雪冷资源转变成热经济，想要改变其他地市的冰雪旅游热不起来或不够热的情况，既需要各市努力，也需要全省一盘棋统一谋划。

2. 项目目标

该项目的主要目标是打造一个集旅游咨询、行程规划、个性化定制游客旅游需求、导览讲解、票务预订、酒店住宿、餐饮娱乐等功能于一体的智慧化旅游服务平台。通过该平台，游客可以轻松获取景点的相关信息，实现一键式预订和个性化定制，提升旅游体验。

3. 功能特点

个性化定制：允许游客根据自己的喜好和时间，安排定制个性化的旅游行程。

智能推荐：根据游客的兴趣和需求，智能推荐合适的旅游线路和景点。

一键预订：提供票务、酒店、餐饮等一站式预订服务，简化游客的预订流程。

提供当地特色产品：提供博物馆、纪念塔、文创产品、农产品等特色纪念品的售卖，让顾客留下难忘的回忆。

智能客服：提供24小时在线客服服务，解答游客的疑问，提供帮助和支持。

（二）竞争优势分析

1. 竞争优势

地域资源整合能力强：平台依托东北三省丰富的旅游资源、交通网络及文化底蕴，能够充分整合地域资源，为用户提供一站式、全方位的服务。东三省位于中国东北部，与俄罗斯、朝鲜、韩国等东北亚国家接壤，具有得天独厚的地缘优势。这为开展跨境旅游提供了便利条件，游客可以在此体验到不同国家的风情。

主题特色鲜明：雪域领航——智慧向导一体化服务平台专注于冰雪和红色旅游，主题特色鲜明，能够吸引对这类旅游有兴趣的游客。而其他旅游 App 可能涉及多个主题，难以在某一特定主题上形成特色。

专业性强：雪域领航——智慧向导一体化服务平台在冰雪和红色旅游方面具有较高的专业性和深度，能够为用户提供更优质的旅游体验。这种有针对性的推荐是其他旅游 App 所难以比拟的。

资源丰富：雪域领航——智慧向导一体化服务平台拥有丰富的冰雪和红色旅游资源，包括景点、酒店、交通等，能够满足游客的多种需求。而其他旅游 App 可能在这些资源方面相对匮乏。

红色文化资源丰富：东三省是中国革命的重要发源地之一，拥有众多红色文化资源，如八女投江纪念馆、东宁要塞等。这些红色文化旅游资源对于游客来说具有很高的教育意义和纪念价值。

优化用户体验：雪域领航——智慧向导一体化服务平台注重用户体验，通过优化界面设计、交互流程等方式，提高用户的使用体验。这种用户体验优化会促使游客更愿意使用该平台，并推荐给其他人。

安全保障：在冰雪和红色旅游中，安全是一个重要的考虑因素。雪域领航——智慧向导一体化服务平台在这方面通过提供安全保障措施和紧急救援服务等方式，让游客更加放心地享受旅游。

技术支持先进：平台采用先进的人工智能、大数据等技术，能够实现精准的用户画像和个性化服务推荐，提升用户体验。

（三）产业背景及公司概述

1. 产品概述

雪域领航——智慧向导一体化服务平台（简称雪域领航 App）为游客提供东北

地区旅游路线规划、景点介绍、个性化旅游定制服务，旨在通过整合东北三省的旅游资源，为游客提供便捷的旅游路线规划服务。通过该平台，游客可以轻松了解到东北地区的旅游景点、特色美食、冰雪红色乡村文化等信息，并根据自己的兴趣和需求制定合适的旅游路线。雪域领航 App 是一个基于互联网的旅游服务平台，它通过互联网连接旅游规划与消费者，为旅游消费者提供便利服务；目标是通过旅游路线定制服务带动东三省旅游行业发展，推动乡村振兴从而促进地区经济发展。

2. 产品核心服务

雪域领航 App 主要提供个性化定制旅游路线和旅游向导，并提供乡村助农、红色教育基地宣传等服务。

3. 个性化定制旅游路线和向导板块

(1)路线规划

平台提供高度个性化的旅游路线规划服务。游客可以根据自己的兴趣、预算和时间，选择想要游览的北方景点、体验的活动及住宿和餐饮标准。平台会根据游客的需求，智能生成符合要求的旅游路线。

(2)景点推荐

平台主推东北三省的各类旅游景点、特色活动等，游客可以搜索平台内容，选择自己感兴趣的景点，或者由平台根据游客的喜好进行智能推荐。平台会为游客提供东北三省各大景点的详细介绍，包括景点的历史背景、特色景观、开放时间、门票价格等信息。

(3)行程优化

平台会根据天气、交通等实时信息，对旅游路线进行动态调整，确保游客的行程安全、顺畅。同时，平台也会提供行程预览和修改功能，方便游客随时调整自己的旅游计划。

(4)乡村助农板块

农产品销售与推广：雪域领航 App 通过线上线下相结合的方式，帮助农民销售和推广农产品。线上方面，通过电商平台、社交媒体等渠道，将农产品推向全国乃至全球市场；线下方面，组织农产品展销会、农超对接等活动，搭建农民与消费者直接交流的桥梁。

金融服务与支持：针对农民在生产过程中可能遇到的资金问题，平台与金融机构合作，提供相应金融服务，降低农民的生产风险，保障农民的稳定收益。

乡村旅游与文化推广：雪域领航 App 还注重挖掘乡村的文化价值，通过推广乡村旅游、民俗文化等方式，吸引游客体验乡村风情，带动乡村经济的发展。

政策解读与指导：雪域领航 App 会及时发布和解读国家及地方关于农业、农村、农民的相关政策，帮助农民了解政策动态，享受政策红利。

通过乡村助农板块，雪域领航 App 有效地促进了乡村与城市的资源共享和互动，为乡村经济的发展注入了新的活力。同时，雪域领航 App 还积极探索创新模式，推动农业现代化和乡村振兴，为东北地区的农业发展和农民致富贡献力量。

(5)红色教育基地板块

平台对东北三省内的红色教育基地进行了全面的梳理和收录，包括革命遗址、纪念馆、纪念碑等。每个基地的详细信息、历史背景、特色亮点等内容都在平台上有介绍，同时，线下也配备了一系列导游业务，可以进行实时讲解，方便用户了解和选择。

雪域领航 App 还提供地图导航功能，用户可以根据地理位置信息，轻松找到附近的红色教育基地。同时，平台也会根据客户所选地址，提供相应联系方式及开馆时间，方便用户进行实地参观和学习。

红色教育活动与推广板块免费进行红色教育基地推介，红色教育基地介绍。

通过雪域领航 App 的红色教育基地板块，用户和教育机构可以更加便捷地获取红色教育资源，参与红色教育活动，共同推动红色文化的传承和发展。这一板块不仅为游客提供了丰富的红色旅游体验，也为教育机构提供了宝贵的教学资源，对于促进东北地区的红色教育和文化旅游发展具有重要意义。

4. 旅游市场分析

随着人们生活水平的提高和休闲时间的增加，旅游已经成为人们生活的重要组成部分。然而，对于一些人来说，规划一次满意的旅行是一项复杂的任务。需要考虑到目的地、预算、时间、交通、住宿、景点等多个因素。因此，开发一款旅游路线设计 App，可以帮助用户简化旅行规划过程，提供个性化的旅行建议，具有广阔的市场前景。

红色旅游已成为国家和省级重点发展领域，是文化与旅游的创新协同发展模式。从参与旅游的主体年龄结构上看，年轻群体参与冰雪旅游和红色旅游比例逐渐提升。《中国冰雪旅游消费大数据报告(2023)》显示，2022 年全国冰雪旅游消费者中学生客群占比达 14.8%。《中国红色旅游消费大数据报告(2021)》显示，在参与红色之旅的人群中，“80 后”“90 后”占比 80.0%，“00 后”“90 后”占比 51.0%。由此可见，年轻群体是冰雪旅游和红色旅游的主力军，同时，他们也是践行社会主义核心价值观的核心力量，他们用旅游的方式感受革命传统和革命精神，在体验冰雪乐趣的同时，接受红色文化的爱国主义教育，既能激发冰雪旅游热情，又能加强红色文化的继承和发扬，从而实现冰雪旅游与红色文化的有机融合。

5. 旅游人次与收入增长显著

东北地区的辽宁、吉林、黑龙江三省在旅游人次和旅游收入方面均实现了显著增长。例如，辽宁省 2024 年预计接待游客 6.27 亿人次，同比 2023 年增长 23%，旅游收入达到 5 600 亿元，同比增长 12%。这些数字表明，东北地区的旅游业的快速发展，吸引了越来越多的游客前来旅游消费。

6. 竞争对手分析

目前市场上已经存在一些旅游路线设计 App，如携程、去哪儿、马蜂窝等。这些 App 在功能上各有特点，但都存在一定的不足。例如，一些 App 的路线规划功能较为简单，不能满足用户的个性化需求；信息更新不及时，导致用户无法获得最新的旅行信息。因此，雪域领航 App 的旅游路线设计将在功能和用户体验上进行创新，以区别于竞争对手。

7. 需求分析

用户需求：用户期望能在旅行中获得更好的旅游路线规划体验；他们希望能够更轻松地规划行程，避免在旅行中出现不必要的麻烦，也希望能够在旅行中获得更多的信息和建议，以便更好地享受旅行。

市场需求：随着旅游市场的不断扩大，用户对旅游路线设计 App 的需求也在不断增加。目前，市场上已经存在的 App 大多数功能较为单一，不能满足用户的全部需求。因此，开发一款功能全面、用户体验良好的旅游路线设计 App，将具有很大的市场潜力。

8. 旅游消费结构升级

随着国内和南北方旅游市场的不断发展，旅游消费结构也在逐步升级。游客在旅游过程中的消费不再仅局限于交通、住宿、餐饮等基本需求，而是更加注重旅游体验和文化消费。因此，东北地区的旅游业也在不断提升服务质量，推出了更多高品质、高附加值的旅游产品和服务。

9. 服务优势

(1)便捷性

用户可以通过雪域领航 App 完成所有的旅游服务预定，包括机票、酒店、景点门票、餐饮等，无须在不同的平台或应用间切换，简化了预定流程，提高了用户的便利性。

(2)个性化服务

基于大数据和人工智能技术,雪域领航 App 可以根据用户的喜好、历史行为等信息,提供个性化的旅游推荐,包括旅游线路、景点选择、餐饮推荐等,使旅游体验更加符合用户的个性化需求。

(3)丰富的旅游内容

雪域领航 App 可以提供丰富的旅游内容,包括景点介绍、旅游攻略、游记分享等,帮助用户更好地了解旅游目的地,提升旅游体验。

(4)优惠活动

雪域领航 App 可以定期推出各种优惠活动,如折扣、满减、积分兑换等,吸引用户通过 App 预定旅游服务,提高用户黏性和满意度。

(5)高效的客户服务

通过雪域领航 App,用户可以方便地联系到客服人员,帮助解决旅游过程中遇到的问题,提高客户满意度。

(6)安全保障

App 可以提供用户身份验证、支付安全、行程保障等功能,使用户安心使用 App。

10. 受众群体

(1)旅游爱好者

对旅游有浓厚兴趣的人群,他们热衷于探索不同的地方和文化,寻求独特的旅游体验。这类人群通常会使用旅游 App 来查找旅游目的地、预订行程、了解旅游攻略等。

(2)商务旅行者

因工作需要经常出差或参加商务活动的人群,他们通常需要高效、便捷的行程安排和预订服务,以节省时间和精力。雪域领航 App 可以满足他们的这些需求。

(3)家庭旅游者

与家人一起出游的人群,他们可能包括不同年龄段的成员,需要满足每个人的需求和喜好。雪域领航 App 可以提供个性化的旅游推荐和丰富的旅游内容,让家庭旅游者更加轻松地规划行程。

(4)中老年旅游者

随着年龄的增长,中老年人群对旅游的需求也在增加。老年人可能不太擅长使用复杂的在线服务,但希望获得简单、直观、易于操作的旅游预订工具。雪域领航 App 可以满足他们的这些需求,同时提供安全、可靠的服务保障。

(5)旅行社和旅游从业者

他们通常需要为客户提供高效、便捷的旅游服务,同时也需要管理旅游资源、推广旅游产品等。雪域领航 App 可以为他们提供一站式的服务解决方案,提高工作效率和客户满意度。

(四)市场调查与分析

1. 市场现状

随着经济发展,旅游行业成为重要经济增长点。近年来,文化旅游融合趋势明显,人们的需求从观光转变为文化体验。导游需具备地理、历史、民俗等知识,满足游客多元化的需求。文旅结合导游业务市场规模扩大,成为旅游业重要组成部分。旅游行业逐渐竞争激烈,用户需求的多样化提升,对导游的专业素质、服务态度和文化修养提出更高要求。如 VR、AR 等技术的发展,为文旅结合导游业务带来创新可能。

2. 调查分析

通过问卷调查、访谈和实地考察等方法,获取广泛的建议。覆盖全国各地游客、导游和旅行社。关注不同年龄段、性别比例、职业背景和收入水平对文旅结合导游业务的影响。

3. 竞争格局分析

大型旅行社凭借资源和品牌影响力领先,小型旅行社通过特色服务赢得市场份额。部分企业注重导游培训和文化素养提升,赢得口碑。但也存在企业服务质量不稳定的情况。

4. 发展趋势预测

个性化需求明显,游客对导游专业知识和文化素养要求日渐提高。科技创新助力行业发展,如利用大数据分析技术了解客户需求。跨界合作成常态,旅行社将与其他领域企业合作开发新产品和服务。存在政策变化、市场竞争加剧、技术更新等因素的影响。

5. 改进策略建议

行业应加强导游培训和文化素养提升,利用科技手段提高服务质量和效率,加强与其他领域跨界合作,关注政策变化和技术更新。通过实施改进策略,提升市场竞争力,实现可持续发展。

三、项目名称：食享无忧——智能老年食堂

(一)项目概述

随着社会经济的发展和人民生活水平的提高，中国的人口老龄化进程正在加速。根据国家统计局的数据显示，中国的老年人口比例已从2010年的13.2%上升至2023年的21.1%，这一数据预计在未来几十年内继续增长。这意味着，随着越来越多的中国公民将步入老年阶段，老年人口的数量和比例都将持续增长。

随着年龄增长，许多老年人独居，子女偶尔回家。他们通常自己烹饪，但记忆力的减退可能导致忘记关闭燃气，从而带来危险。行动不便也使得出门购买食材成为挑战，老年人的健康安全饮食问题亟待解决。

老年食堂作为服务老年群体的重要设施，其意义日益凸显。本项目旨在通过线上线下融合的模式，为老年人提供便捷、营养的餐饮服务，让老年人饮食健康，从而使子女放心。通过线上线下融合的方式，使老年人既能享受堂食的社交氛围，也能通过在线订餐、评价等方式获得更加个性化的服务体验。项目重视老年人营养与健康餐饮，菜品设计充分考虑老年人的营养需求和口味偏好。

老年食堂设施布局合理，就餐环境温馨舒适，为老年人创造宾至如归的用餐体验。同时，项目引入技术支持与智能化服务，如智能点餐系统、健康数据监测等，提升服务效率和质量；安全保障与应急措施完备，确保老年人用餐安全。项目还注重社区参与与合作，与周边社区建立紧密的合作关系，共同推动老年食堂的持续发展。

展望未来，本项目将继续探索创新服务模式，不断提升服务质量，为更多老年人提供温馨、便捷的餐饮服务，助力构建和谐社会。

(二)项目内容

1. 项目名称：食享无忧——智能老年食堂

2. 名称含义：分年龄段，专属于老年人的智慧食堂，提供适合老年人食用的菜品，同时让他们享受互联网的便利。

3. 项目目的：

(1)为老年人提供优质的餐饮服务，满足其餐饮需求；

(2)能够更好地给予老年人关怀，让老年人在食堂吃饭之余还可以彼此交流，为老年人提供更多的社交机会，营造温馨的社区氛围；

(3)提高老年人的生活质量，减轻家庭照顾者的负担；

(4)同时采取网上订餐的形式，让出行不便的老年人也能享受到服务，子女也可以为父母订餐，更加便利；

(5)创造就业机会，促进社区经济发展。

4. 具体模块：线下社区老年食堂、线上订餐 App。

线下老年食堂设施布局有后厨、就餐区和娱乐区(娱乐区包括沙发、座椅和大屏幕电视)，线上订餐 App 服务包含：

(1)外卖和线下就餐，菜单提供语音播报和语音选菜功能。外卖提供送货上门服务，下单之后可以直接送到老人住处，便利老人的用餐；在食堂就餐，可在选菜前告知工作人员忌口，再由工作人员按照老年人的需求配餐。

(2)订餐可以选择菜品无糖或含糖，还可以选择软烂程度。

5. 预计解决问题：老年人就餐问题，当地未就业人员就业问题。

(三)项目可行度分析

1. 市场规模

老年食堂行业市场规模持续增长，随着全球人口老龄化的加速，老年人口数量不断增加，老年食堂市场需求也随之扩大。

2. 市场竞争格局

老年食堂市场竞争激烈，市面上存在众多的老年食堂品牌和服务商。竞争优势主要由品牌、服务、价格等多方面因素决定。未来，具有品牌优势、服务优势和创新能力强的企业将在竞争中占据更有利地位。

3. 消费者需求分析

(1)健康营养餐食需求。老年人对健康、营养的需求更加强烈。需要提供营养均衡的食物，以满足他们的身体需求。此外，食物的制作要科学合理，避免使用过多的调味料。

(2)定制化服务需求。老年人的口味和食欲各不相同，有些老年人可能对某些食物过敏或不喜欢吃。因此,老年食堂需要提供个性化的定制化服务,满足老年人不同口味的需求。

(3)品质保障需求。老年人对食品安全和卫生要求较高,对菜品品质有较高的要求。老年食堂应该严格遵守食品安全法规,确保餐食的质量安全。

4. 政策法规影响

基本养老服务是由国家直接提供或通过一定方式,支持相关主体向老年人提供的,旨在实现老有所养、老有所依必需的普惠性、基础性、兜底性服务,包括物质帮助、照护服务、关爱服务等内容。

推动实现全体老年人享有基本养老服务,是完善中国特色社会主义制度、坚持以中国式现代化全面推进中华民族伟大复兴的内在要求。中国式现代化是中国共产党领导的现代化,是全体人民共同富裕的现代化,是各项事业的现代化。截至2021年底,全国60岁及以上老年人已有2.67亿人,占总人口的18.9%。家家有老人,人人都会老。养老既是人生大事、家中要事,也是社会大事、国家大事,涉及亿万家庭幸福和百姓福祉。推动全国老年人享有基本养老服务,将有力推动中国特色养老服务体系成熟完善,进一步筑牢兜实基本民生底线,巩固和完善我国建成世界上规模最大的社会保障体系,完善中国特色社会主义制度。推动全国老年人享有基本养老服务,把老年人安顿好、照顾好,有助于家庭和睦、社会和谐,促进新时代社会共建、共治、共享,推进国家治理体系和治理能力现代化。推动全国老年人享有基本养老服务,充分回应全体人民共同富裕的呼声愿望,优化老年人收入分配结构,改善老年人养老服务支付能力,让全国老年人共享经济社会发展成果,是中国式现代化在养老服务领域的具体实现。

推动实现全国老年人享有基本养老服务,是健全覆盖全生命周期的人口服务体系、促进人口长期均衡发展的必然要求。人口问题事关中华民族永续发展和伟大复兴。推动全国老年人享有基本养老服务,将独生子女家庭、计划生育特殊家庭的各类老年人纳入基本养老服务统一保障范围,可以进一步健全覆盖全生命周期的人口服务体系,从而积极应对人口结构转变带来的老年人照料风险挑战。推动全国老年人享有基本养老服务,做好老有所养的制度性安排,可以缓解社会普遍存在的养老焦虑,减轻年轻人“上有老、下有小”的家庭压力,稳定人们的养老预期、生活预期,增强年轻人的生育意愿,将更多劳动力从家庭中解放出来,促进人口长期均衡发展。

推动实现全国老年人享有基本养老服务，是把握养老服务规律、促进解决应对人口老龄化世界性难题的重要行动。应对人口老龄化是世界性难题，最突出挑战之一就是老有所养问题。我国自20世纪末进入老龄化社会以来，老年人口数量和占总人口的比重持续增长，预计"十四五"期间进入中度老龄化、2035年左右进入重度老龄化。我国人口老龄化不断加剧的趋势与实现第二个百年奋斗目标的历程紧紧相随，与当今世界百年未有的变局紧密相连，是全面建设社会主义现代化国家新征程中的基本国情。我国老年人口约占世界老年人口总数的1/4，同时面临着未富先老、未备先老、区域发展不平衡等突出困难，在这样的情况下解决老有所养问题，是世界人口发展史上没有过的先例，各国应对人口老龄化进程中也没有模板。推动全国老年人享有基本养老服务，解决作为全球老年人口最多的国家的老有所养问题，同时促进银发经济发展，拉动就业和扩大内需，促进国内国际双循环良性互动，将为世界各国积极应对人口老龄化重大挑战、构建人类命运共同体提供宝贵经验和重要借鉴。

而我们的服务理念就是致力于解决老年人的饮食问题，让老年人吃得健康、吃得放心。同时，政府还发布了一些支持老年食堂建设的文件。2023年10月20日政府发布的关于印发《积极发展老年助餐服务行动方案》的通知里指出：

一、总体要求

（一）指导思想。以习近平新时代中国特色社会主义思想为指导，全面贯彻落实党的二十大精神，坚持以人民为中心的发展思想，聚焦老年人就餐实际困难，以普惠性、多样化为发展路径，坚持政府统筹、保障基本，因地制宜、精准施策，尽力而为、量力而行，充分发挥市场机制作用，积极构建覆盖城乡、布局合理、共建共享的老年助餐服务网络，推动老年助餐服务方便可及、经济实惠、安全可靠、持续发展。

（二）工作目标。到2025年底，已在全区域实施老年助餐服务政策的省份，进一步向城乡社区延伸服务，提质增效取得新进展；尚在局部区域实施老年助餐服务政策的省份，服务扩面增量实现新突破。全国城乡社区老年助餐服务覆盖率实现较大幅度提升，服务网络形成一定规模。对特殊困难老年人（指最低生活保障对象、特困人员、最低生活保障边缘家庭成员等低收入人口中的老年人，以及独居、空巢、留守、失能、残疾、高龄、计划生育特殊家庭等老年人）的助餐服务力度进一步加大，面向其他老年人的助餐服务广泛开展。到2026年底，全国城乡社区老年助餐服务覆盖率进一步提升,服务网络更加完善,多元供给格局基本形成,可持续发展能力得到巩固,老年人就餐便利度、满意度明显提升。在此基础上,持续完善服务网络,不断提高老年助餐服务质量和水平。

二、扩大和优化服务供给

(三)增强服务供给能力。各地要综合考虑辖区内老年人口规模、助餐服务需求、服务半径等因素,坚持统筹利用现有资源和适度新建相结合,完善老年食堂、老年餐桌、老年助餐点等老年助餐服务设施配置,优化功能布局。将老年助餐服务设施纳入城市一刻钟居家养老服务圈、一刻钟便民生活圈建设,促进服务便利可及。支持在各类养老服务机构和设施、社区综合服务设施、社区嵌入式服务设施中增设老年食堂等老年助餐服务设施,拓展服务功能。鼓励企业参与建设和运营老年助餐服务设施、有条件的机关企事业单位食堂提供老年助餐服务,引导物业服务企业为老年人提供就餐便利。支持餐饮企业采取运营老年助餐服务设施、社区门店开办老年餐桌等方式,参与老年助餐服务。现有资源无法有效覆盖或满足老年助餐服务需求的地区,可因地制宜新建必要的老年助餐服务设施。

(四)优化餐食配送服务。支持餐饮企业提供老年餐食配送服务。发挥互联网平台、物流企业等作用,充分利用现有物流网络为老年人送餐。支持具备条件的社区设置集中"配送点",为送餐进小区和老年人就近取餐提供便利。难以利用现有服务资源和物流网络为老年人送餐的,鼓励支持村(居)委会组织相关资源和力量,重点解决为行动不便老年人送餐上门问题。

(五)加强农村地区老年助餐服务。采取倾斜性措施支持农村地区扩大服务供给,可依托有条件的村级睦邻(邻里)互助点、农村幸福院等载体开办老年食堂、设置老年助餐点等,探索邻里互助、设立"中心户"多户搭伙、结对帮扶等模式,灵活多样解决农村老年人助餐服务需求。发挥农村基层党组织和基层群众性自治组织作用,广泛发动党员干部、低龄健康老年人等群体积极参与老年助餐服务。有条件的村集体经济组织经民主议事程序决定,可使用集体经济收入支持老年助餐服务。

(六)引导公益慈善力量积极参与。鼓励和引导公益慈善组织、爱心企业和人士以慈善捐助等方式参与老年助餐服务。鼓励探索"服务积分"、"志愿+信用"等模式,培育发展老年助餐志愿者队伍和互助组织,建立服务评价激励机制。

三、保障服务质量

（七）规范服务供给。各地要结合实际制定老年助餐服务规范。指导各类老年助餐服务机构优先提供午餐服务，有条件的提供早、晚餐服务，并保证助餐服务的连续性、稳定性；根据周边老年人助餐服务需求、消费能力、饮食习惯，合理搭配食材，科学制定食谱并定期更新，优先供应大众化家常菜，保证老年人吃得饱、吃得健康、吃得放心；有条件的可配备专兼职营养师，根据老年人需求提供个性化餐食。鼓励老年助餐服务机构对特殊困难老年人提供优惠服务，支持在满足老年人助餐服务需求基础上，在非就餐时间开展其他为老服务。

（八）提升智能服务管理水平。依托现有的养老服务信息平台，开展老年助餐服务需求调研摸底和重点保障对象确认工作，加强数据采集整合与共享，精准对接老年助餐服务多元供给资源。在提供线下便利服务的基础上，鼓励开发老年助餐服务智能终端和信息管理系统，推广多种形式、方便快捷的智慧服务和智能管理方法。

（九）培育优质服务品牌。引导老年助餐服务机构进行标准化建设、规范化管理、智能化服务，大力支持连锁化运营，积极推广集中供餐模式。鼓励参与老年助餐服务的餐饮企业履行社会责任，提供质优价廉、老年人信得过的助餐服务，形成规模和品牌效应。打造一批特色鲜明、带动力强、示范效应突出的城乡老年助餐服务示范点和优质服务品牌。

四、确保服务可持续

（十）提供设施场地支持。在新建城区和居住区配套建设养老服务设施、老城区和已建成居住区补齐养老服务设施工作中，同步解决老年助餐服务设施建设或场地使用问题。支持老年助餐服务设施与社区综合服务设施、便民商业服务设施、生活性服务业资源统筹利用、共建共享。可按规定履行相关国有资产管理程序后，通过调剂、出租、转让等方式将机关和事业单位闲置房产用于开展老年助餐服务。鼓励有条件的地方对将现有设施场地改扩建用于老年助餐服务的，给予相应补贴和支持。

（十一）加大运营扶持力度。建立“个人出一点、企业让一点、政府补一点、集体添一点、社会捐一点”的多元筹资机制，支持老年助餐服务机构提供稳定可持续的服务。有条件的地方可综合考虑助餐服务人次和质量、老年人满意度等情况，给予老年助餐服务机构一定的运营补助或综合性奖励补助。对符合条件的老年助餐服务机构,按规定落实税费优惠政策,用水、用电、用气、用热按规定执行居民生活类价格。鼓励各地出台惠企政策,积极调动社会力量参与老年助餐服务。支持具备资质的各类经营主体平等参与老年助餐服务,平等享受相关优惠政策。

(十二)实施就餐分类补贴。坚持有偿服务,有条件的地方可结合当地经济发展水平和财力状况,根据老年人经济困难程度、失能等级等情况,对享受助餐服务的老年人给予差异化补贴,补贴的范围、方式、标准由地方各级民政部门会同财政部门研究确定。有条件的地方可将面向特殊困难老年人的助餐服务纳入当地基本养老服务清单。支持各地以发放老年助餐消费券等方式,让老年人享受看得见的实惠。

五、加强质量安全监管

(十三)压实各方责任。强化属地管理责任,落实地方各级党政领导干部食品安全责任制,完善老年助餐服务食品安全保障、监督考核、应急处置、责任追究等制度。老年助餐服务机构应当按照法律法规和食品安全标准开展食品经营活动,建立健全原料控制、餐具饮具清洗消毒、食品留样等制度,严格落实食品安全自查、问题隐患整改、潜在风险报告等要求。采用集体用餐配送方式的老年助餐服务机构,应当与供餐单位签订供餐合同,指定专人负责查验供餐单位提供的食品,严把质量关。切实抓好老年助餐服务场所安全生产工作,加强服务中的人身安全、消防安全等管理,防范各类安全风险。鼓励老年助餐服务机构购买食品安全等相关责任保险。

(十四)强化日常监管。老年助餐服务有关管理部门应当依职责联合开展抽查检查,按规定公布食品安全日常监督管理信息。定期对老年助餐服务价格和质量进行评估,结合老年人满意度等情况,适时动态调整对老年助餐服务机构的扶持政策。对不落实食品安全管理、运营管理等规定的,依法依规进行处理。

(十五)加强社会监督。鼓励具备条件的老年助餐服务机构采用透明可视方式公开展示餐饮服务相关过程,通过"互联网+明厨亮灶"等方式接受社会监督。鼓励邀请老年人、社区居民代表参与食品安全检查。畅通投诉举报渠道,及时有效解决群众合理诉求。

六、强化实施保障

(十六)加强组织领导。各地要建立健全党委领导、政府负责、部门协同、社会参与、家庭尽责的老年助餐服务工作机制,把发展老年助餐服务作为为民办实事重要内容，纳入居家社区养老服务网络和养老服务体系建设整体部署、统筹推进，纳入积极应对人口老龄化能力评价指标体系推动落实；要根据本方案要求，结合实际制定实施方案或细化完善已有方案。县级人民政府要做好辖区内老年助餐服务工作的资源统筹、组织实施等工作，不断调整优化政策措施；乡镇（街道）要做好具体实施和落实工作，村（居）委会要积极协助做好相关工作。中央财政要对地方老年助餐服务工作给予支持，并将发展老年助餐服务纳入养老服务体系建设相关激励工作。

（十七）明确部门职责。有关部门要主动作为、协同配合，大力支持老年助餐服务工作，切实形成工作合力。民政部门要履行好牵头职责，依托各级老龄工作委员会，加强组织协调和督促指导。发展改革部门要把老年助餐服务纳入经济社会发展相关专项规划统筹推进，在中央预算内投资支持养老服务体系等建设中强化老年助餐服务能力。财政部门要按规定落实财税支持政策，加强资金规范使用监管。人力资源社会保障部门要落实就业扶持政策，鼓励支持老年助餐服务机构吸纳重点群体就业，并按规定给予补贴。自然资源部门要统筹规划老年助餐服务设施用地空间布局，保障和规范用地供应。住房城乡建设部门要结合城镇老旧小区改造、完整社区建设试点等工作，统筹推进老年助餐服务设施建设。农业农村部门要将农村老年助餐服务工作作为全面推进乡村振兴的重要内容，协调农村公共服务资源向老年助餐服务倾斜。商务部门要积极引导有条件的餐饮、商贸物流企业和互联网平台参与老年助餐服务。税务部门要落实老年助餐服务领域税收减免优惠政策。市场监管部门要会同相关行业主管部门加强对老年助餐服务的食品安全监管。消防救援机构等部门要依法加强对老年助餐服务场所的消防监督检查。其他有关部门按职责做好老年助餐服务相关工作。

（十八）做好督促指导。各地要从实际出发，尊重群众意愿，积极稳妥探索各具特色、灵活多样的老年助餐服务方式；力戒形式主义，避免资源浪费，防止“一哄而上”、“一刀切”，发现问题及时予以纠正。民政部要会同有关部门加强动态跟踪，督促指导各地根据现有工作基础有序推进老年助餐服务扩面提质工作；适时开展工作评估，总结推广经验做法，切实抓好贯彻落实；注重宣传引导，积极营造全社会关心老年人、支持老年助餐服务的良好氛围。

5. 技术创新与突破

随着科技的进步，老年食堂行业在技术方面不断创新和突破。例如，智能化点餐系统的应用可以提高点餐效率和客户体验；智能化配送系统可以实现快速、准确的送餐服务；信息化管理系统可以提高管理效率和降低成本等。未来，技术的创新和突破将成为推动老年食堂行业发展的重要动力。

6. 供应链与物流分析

老年食堂行业的供应链与物流管理是实现高效运营的关键因素之一。合理的供应链和物流管理可以降低成本、提高效率，同时保证食品的新鲜和安全。对于连锁经营的老年食堂而言，统一的供应链和物流管理体系可以保证各分店食品的一致性和质量稳定性。此外，随着冷链物流技术的发展，可以进一步保障食品在运输与存储过程中的安全和新鲜度。

（四）产品及服务

1. 产品策略

（1）健康营养：产品将以健康和营养为首要考量。针对老年人的身体状况和营养需求，设计并提供一系列经过营养师和医生认证的菜单和餐点。

（2）用户友好性：为了满足老年人的特殊需求，App 将注重简洁易用的界面设计，采用大字体、清晰图标和简单操作，以确保老年人能够轻松上手和使用。

（3）社区整合：除了线上点餐和配送服务，公司还将积极与社区合作，在社区设立用餐场所，提供温馨舒适的用餐环境，鼓励老年人之间的交流互动。

（4）安全保障：公司将严格遵循食品安全标准，确保所有菜品的制作、包装、配送过程都符合卫生和安全要求，让老年人放心享用。

2. 个性化定制：为了满足老年人的个性化需求，公司提供定制化的菜单选择，包括低盐、低糖、易嚼食品等，让每位用户都能找到适合自己的饮食方案。

3. 服务介绍

（1）线上点餐：通过手机 App，老年人可以随时随地浏览菜单、选择菜品，并进行在线支付。App 界面简洁明了，操作便捷，方便老年人进行点餐。

（2）定期配送：一旦老年人下单，公司将按照他们选择的时间和地点进行配送。配送团队将确保订单及时送达，并提供贴心的服务，确保老年人的饮食需求得到满足。

(3)社区用餐:为了让老年人能够享受更加丰富的社交和用餐体验,公司将在社区设立用餐场所,提供优雅舒适的环境,让老年人在食堂享受美食,交流感情。

(4)健康关怀:服务团队将定期与老年人进行联系,了解他们的饮食偏好和身体状况,并根据需要提供健康咨询和建议,确保老年人能够享受到安全、健康的饮食服务。

(五)市场营销

1. 市场分析

(1)老年人口增长迅速,对便捷、营养的饮食需求日益增加。

(2)目前市场上老年食堂数量超过6 000家,但主要分布在北京、上海、浙江杭州等经济发达地区,且部分面临着餐品种类不足、供餐范围有限、人手和资金不足等问题,而且提供线上订餐服务的城市较少。

(3)随着科技的发展,老年人也逐渐接受并习惯使用手机应用进行生活服务。

2. 市场定位

(1)目标客户群体

本项目的主要目标客户是老年人群体,包括退休人士、独居老人等。针对那些由于年龄、身体状况或社交因素而需要特殊饮食关照的老年人提供贴心、安全、方便的饮食服务。

(2)定位理念

项目致力于成为老年人饮食领域的领先品牌,通过整合线上点餐、配送服务和线下社区用餐,为老年人提供全面、个性化、关怀式的饮食解决方案。

(3)核心价值

①健康与营养:提供经过专业研发和调配的健康、营养均衡的菜品,满足老年人身体健康需求。

②便捷服务:通过用户友好的线上App,使老年人可以轻松浏览菜单、进行点餐,并选择配送或线下社区用餐,实现餐饮的零距离。

③社区关怀:在社区设立用餐场所,提供温馨、舒适的用餐环境,鼓励老年人之间的社交互动,增加生活乐趣。

④安全保障:配送服务和社区用餐场所都将严格遵循卫生标准,确保食品安全,让老年人放心享用。

3. SWOT 分析(表 3-11)

表 3-11　SWOT 分析

优势	劣势
1. 专注老年人市场:针对老年人的餐饮服务填补了市场空白,可以成为特定人群的首选。 2. 在线点餐方便:提供线上点餐服务,方便老年人在家中选择餐品,减少出门的需要。 3. 社区服务:在社区提供用餐场所,使老年人能够在熟悉的环境中享受美食,同时促进社区凝聚力。 4. 配送服务:提供送餐服务,方便行动不便的老年人,同时满足他们的吃饭需求。 5. 定制化菜单:设计满足老年人饮食需求的定制化菜单,充分考虑老年人的营养需求和口味。	1. 科技难题:一些老年人可能不熟悉或不愿意使用手机应用,这可能限制线上点餐服务的可行性。 2. 成本问题:提供专业的老年人服务可能需要额外的成本,例如提供专业的配送服务或适应特殊饮食需求。 3. 竞争激烈:老年人餐饮服务市场竞争激烈,需要有独特的特色和服务来脱颖而出。
机会	**威胁**
1. 人口老龄化:随着人口老龄化的增加,老年人餐饮市场有望持续增长。 2. 健康饮食趋势:利用健康饮食和有机食品的趋势,提供更加健康和有营养的菜品。 3. 社区合作:与社区组织合作,提供更全面的服务,例如健康讲座、社交活动等。	1. 经济不确定性:经济波动可能影响老年人的消费能力,从而影响对餐饮服务的需求。 2. 法规变化:餐饮业可能受到健康和安全法规的影响,需要密切关注并适应相关法规的变化。 3. 竞争压力:餐饮行业竞争激烈,其他企业可能迅速推出类似的服务,形成竞争威胁。

4. 风险分析

(1)技术难题

智能科技不断更新:快速发展的科技可能导致系统过时,因此需要不断升级以适应老年人的需求,满足老年人需求。

(2)老年人接受度

老年人对新技术的接受度可能较低,需要设计简单易用的系统,充分考虑老年人的使用习惯。

(3)安全和隐私问题

个人信息和健康数据的存储与传输需要有健全的安全保障制度,以防止信息的泄露和滥用。

(4)物流问题

管理食品的高效配送可能面临供应链中断、交通问题等挑战,从而影响食品的及时送达和新鲜程度,严重情况可能会导致老年人身体健康出现问题。

(5)医学和饮食知识

提供符合老年人健康需求的饮食需要对医学和营养进行深入了解,可能需要与专业医疗机构合作,确保用户的放心。

(6)个性化服务

老年人的需求千差万别,系统需要提供个性化的服务,同时考虑到一些潜在的健康问题,用心服务每一个用户。

(7)老年人经济状况

不同老年人的经济状况差异较大,定价策略需要考虑老年人的支付能力,同时防范经济波动带来的影响。

(8)资金风险

由于本项目的性质为非营利性养老服务,后期可能会出现资金紧张的情况,对此,公司可以邀请老年志愿者和大学生志愿者进行志愿服务,为志愿者提供社会实践机会的同时也减轻公司资金的压力(可以招募义工,或者聘请退休人员再就业,退休人员对工资的要求相对较低,可将打菜、洗盘子等工作交给他们,节约公司成本)。

(六)项目发展规划

1. 目标设定

(1)服务老年人群体,提供方便快捷的饮食解决方案。

(2)建立稳定的用户群体,实现每月订单增长率提升15%。

(3)提高老年人的生活幸福感和社交互动机会。

2. 竞争策略

(1)独特定位:专注于老年人市场,提供定制化的饮食服务,满足老年人个性化需求。

(2)服务品质:提供优质、健康、营养的菜品,并保证配送及时与用餐环境的舒适和安全。

(3)社区合作:与养老机构、社区中心等单位合作,扩大服务范围,提高品牌曝光度。

3. 营销计划

(1)线上推广:通过社交媒体、搜索引擎优化等方式,提升线上App的曝光度,吸引用户下载使用。

(2)本地推广:在目标社区开展宣传活动,促使用户了解和体验服务。

(3)口碑营销:注重用户口碑和评价,建立良好的品牌形象,吸引更多用户。

4. 运营计划

(1)线上点餐:开发并优化手机App,提供便捷的线上点餐功能,包括菜单浏览、下单支付等。

(2)配送服务:建立配送团队,保证及时、准确地将餐品送达用户手中。

(3)社区用餐:与社区合作,在社区中心或活动场所开设用餐区域,提供温馨舒适的用餐环境。

(4)娱乐服务:与社区活动室合作,可以将乒乓球台、麻将机、象棋、广场舞音响等设备购买过来,为老人增加娱乐服务项目,增加吸引力。

5. 财务规划

(1)初始投资:预计需要200万用于App开发、设备采购、人员培训等方面。

(2)资金来源:自有资金、风险投资、银行贷款等多种途径。

(3)收入来源:主要包括餐品销售收入、配送服务费用等。

(4)成本控制:密切关注成本,合理配置资源,确保项目的可持续发展。

（七）商业模式（表 3-12）

表 3-12　商业模式

合作对象	关键业务	价值主张	客户关系	客户细分
各大线上外卖平台	线上线下餐饮服务	为行动不便利的老年人提供独特、健康、美味的餐食	消费者：App、小程序、公众号	行动不便的老年人、子女忙碌无空余时间做饭的老年人家庭
夕阳红产业、政府、养老院、老年大学等	老年人网络智能化服务	为老年人提供一个线上线下相结合的专业化一站式服务	商家：网站、公众号、社区服务中心、App	养老院机构、老年人协会舞蹈团、老年大学等
创新创业专家	健康餐饮管理服务	—	—	—

（八）营销策略

1. 定价策略：

（1）根据不同的产品和服务，采取灵活的价格策略，如按月订购、季度订购或年度订购，满减优惠活动，订购数量或天数累计满减优惠活动等。

（2）价格应该合理，既要覆盖成本，又要保持竞争优势。尽可能地争取政府补贴，以降低售价来增加竞争优势。

（3）可以针对长期订购用户提供优惠和折扣活动，以提升用户的信任和忠诚度。

2. 销售渠道与合作伙伴：

（1）线上销售平台

在电商平台建立在线销售渠道，为老年人提供便捷的购买途径，同时结合智能手机应用提供在线订餐服务。

(2)线下合作伙伴

与养老社区、医疗机构、社会福利机构等单位建立合作关系,将产品直接销售给老年人或通过合作伙伴提供配送服务。

(3)社区推广

利用社区活动、健康讲座等机会进行产品推广,提高品牌知名度和市场份额。

医疗合作:与医疗机构合作,提供定制化的营养餐饮服务,满足老年人的健康需求。

(九)财务分析

1. 股本结构和规模

根据公司财务预算,拟定公司注册资本为300万(可有风险投资部分)。股本结构和规模如表3-13所示。

表3-13　公司初始股权构成表

姓名	投资额(单位:万元)	投资比例(%)	出资方式
于珊珊	60	20%	现金
万佳	60	20%	现金
郁星宇	60	20%	现金
天使投资人	120	40%	现金

2. 资金来源与运用

资金主要来源于股东投资的300万,其中以货币资金入股300万元,总计300万元。股东投入的300万元货币资金主要用于固定资产、流动资产的投资和支付开办费用。包括购置医疗器械及其他设备、场地租用及维护、直接人工费用、开办费和日常办公费、业务宣发和市场开拓等其他费用。货币资金来源及运用如表3-14所示。

表3-14　资金来源及运用一览表　　单位:万元

资金来源	具体项目(货币资金来源)	金额(万元)
	自有资金	300

表 3-14(续)

资金运用	食品费用	50
	医疗器械费用	50
	娱乐器械费用	25
	土地流转租金	2/年
	场地装修及维护费用	26
	宣传费用	5
	人工费用	20
	互联网平台开发及维护费用	18
	其他费用(网费、水电费等)	0.65/年

3. 未来五年营收预测表(表 3-15 及图 3-3)

表 3-15　未来五年营收预测表

项目	2024 年	2025 年	2026 年	2027 年	2028 年
一、营业收入	165 000	179 950	196 843.5	215 933.155	237 504.465 5
社区收入	65 000	73 450	82 998.5	93 788.305	105 980.785
App 收入	50 000	56 500	63 845	72 144.85	81 523.6805
政府补贴	50 000	50 000	50 000	50 000	50 000
减:营业成本	154 865	15 8635	162 895.1	167 709.013	167 709.013
主营业务成本	29 000	32 770	37 030.1	41 844.013	47 283.7347
其他业务成本	0	0	0	0	0
销售费用	84 320	84 320	84 320	84 320	84 320
管理费用	25 013	25 013	25 013	25 013	25 013
财务费用	16 532	16 532	16 532	16 532	16 532
主营业务税金及附加	0	0	0	0	0
二、营业利润:	10 135	21 315	33 948.4	48 224.142	69 795.452 5
营业外收入	0	0	0	0	0
营业外支出	0	0	0	0	0
三、利润总额	10 135	21 315	33 948.4	48 224.142	69 795.4525

表 3-15(续)

项目	2024 年	2025 年	2026 年	2027 年	2028 年
减:所得税费用	2 533. 75	5 328. 75	8 487. 1	12 056. 035 5	17 448. 861
四、净利润	7 601. 25	15 986. 25	25 461. 3	36 168. 106 5	52 346. 591 5

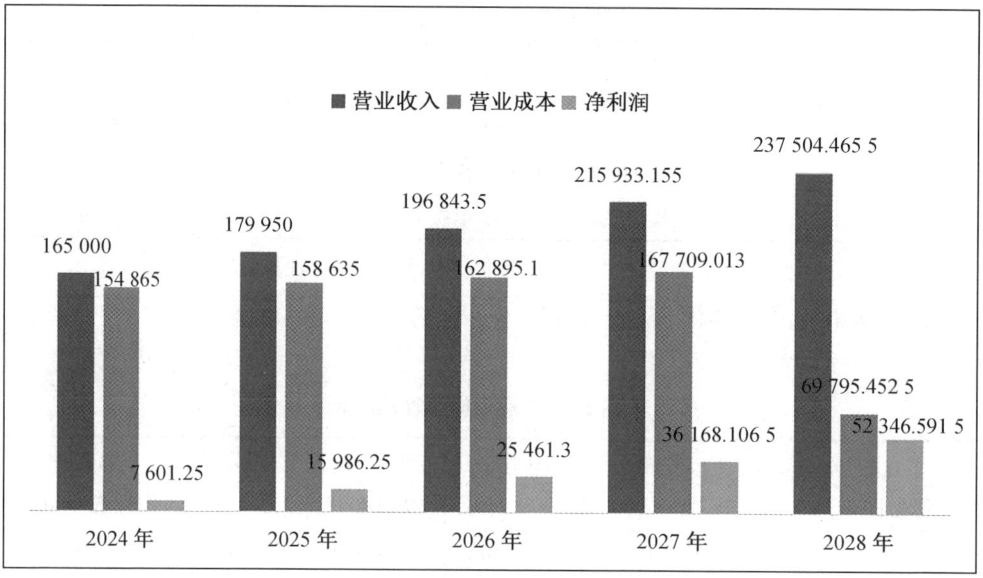

图 3-3　未来五年营收预测

4. 未来五年费用预测表(表 3-16)

表 3-16　未来五年费用预测表　　单位:万元

年份	研发	市场	生产	行政	设备	其他	合计支出
2023	2	3	1	1	2	0	9
2024	2	2	1	1	2	0	8
2025	1	3	2	1	2	1	10
2026	2	2	1	1	2	0	8
2027	2	3	1	1	2	0	9

5. 投融资计划

(1)投资回报

投资回报率 = (年利润或年均利润/投资总额)×100%

= [(7 601.25+15 986.25+25 461.3+36 168.106 5+52 346.591 5)/5]/3 000 000×100%

= 0.917 09%

本项目作为民办非营利性组织,创办的主要目的是提供社会效益和公益服务,因此不具备高投资回报率。但通过高效使用资金和垂直精细管理可以实现年均净资产盈余,保证项目有能力持续运行和扩张。

(2)风险资本的退出方式

本项目旨在建立公益性质的民办非营利性养老机构,因此收入来源主要为企业捐赠、政府补贴,资金将全部用于维持机构运行的各项费用支出。企业可根据自身经营状况协商放弃捐赠计划,机构解散时所有资产都将无偿捐赠给其他公益性组织和公益项目。

(十)融资说明

1. 项目总投入

(1)目前已有投资

在公司创立初期,团队成员每人出资 60 万,总共 180 万现金入账,同时在天使投资人的捐赠下,公司账目总额共计 300 万。在公司风险稳定的前提下,能够保持创业初期的设备购买和公司员工的工资支出。在此基础上,公司得以运行和开展,在政府的支持下,如期按照项目计划进行建设和招聘。

(2)融资计划

在预测期内(指项目开展的前一年)内,主要的基本计划,是在公司创业前期运作及发展所需资金和人力等条件完全具备后;并在上层经营决策无重大失误、公司经营如期开展和设备无重大损坏的前提下,做出的融资计划。项目的投资总额由建设投资和生产流动资金两大部分组成,投资总额为 300 万元,其中建设投资约 250 万元,占投资总额的 83.3%,生产流动资金约 50 万,占投资总额的 16.7%。公司在项目开展计划期内,需做好一年的发展计划。在进入下一阶段发展时,公司需要大量的资金并且提升服务质量,项目需要新的资金投入和人才输入。因为项目属公益性质,需要大量具有高度责任心和爱心的员工,所以需要加强与高校的合作。该项目对完善社会保障和改善老龄人口的晚年生活具有重大价值,政府的支持也是融资计划中的一部分。

(3)进展预测

为了保障公司的正常经营活动,合理分配资金,防范公司经营中可能遇到的风险,对融资的进展进行如下预测:在公司创立初期,由七位团队创业合伙人共同出资,这是在公司创立初期就可直接获得的现金初始资金。此外为获取专业团队的支持和养老医疗人员的配备,公司得到了山东博思源健康大数据有限公司与大庆市红岗区人民医院的支持和赞助,在创立初期和公司后期的经营中,能够不断地进行资金注入,为公司的资金投入提供了保障。同时该项目响应国家政策,保障老年人口的晚年健康和生活质量,能够促进人们更好地安居乐业,从而能够获得政府的政策支持。

在公司融资正常进行的过程中,项目开始启动。在前期的项目推广中,如能招揽志愿者进行志愿工作,正常推行进程,即可在只消耗成本的基础上,取得一定的收益,使融资能够补充成本消耗的同时增加流动资金。在项目进入完备化的开展后,为了获得更好的市场份额,项目应增加公益性价值,可以面向社会团体从而获得他们的支持和帮助,为项目注入更多的力量。

2. 资金用途(资金分阶段使用计划及用途)

为了降低企业的综合经营风险,支持企业将资金资源实现更优的配置和转化,同时给企业充足的投资信心和决心,投入资金计划整理如下:

第一阶段:项目开展前期,需要花费建设资金进行场地的开发、环境的营造和医疗设备、办公设备的购买,同时需要招聘相关专业的人才和服务人员。

第二阶段:在项目筹备完善的基础上,进行相应的广告宣传,与政府合作,吸引相关适龄老人进行消费。在正式进入服务中,需要花费相应资金进行生活用品的购置、食材的购买及公司工作人员的工资开支。通过相应资金的支持,保障公司能够平稳地运行。

第三阶段:在正常运行的基础上,加强公司文化建设和提升服务质量,使公司的项目能够吸引更多的客户和投资者,运用资金来不断改善项目的完整程度,运用互联网技术,融合管理与服务,提升服务的科学化和高效化。通过增加公共设备确保老人能够享有更好的服务和安全保障,在保持身体健康的基础上能够放松身心。

四、项目名称：益农“智”造——打造产业链优化及助销农产品与乡村振兴新模式

（一）项目概述

本项目围绕红色文化、教育科普、助农振兴、志愿服务等方面开展形式多样、内容丰富的社会实践活动。通过文化振兴，助力产业振兴、人才振兴、绿色发展。助力乡村振兴项目需要采取创新模式，充分利用和激活乡村资源来推动乡村经济的持续发展，提高农民的生活水平，并促进城乡之间的交流与融合。项目的目标不仅是实现乡村资源的有效利用，更要以此为契机，为乡村带来新的发展机遇，助力农民打开通往富足生活的大门。最终实现推动乡村经济振兴、文化振兴、人才振兴的目标。项目组建教育科普宣讲团，开展“红星闪耀、理论照耀”科普宣传活动，围绕农业、畜牧业、中老年人常识科普、中小学生生物知识科普教育、儿童生物知识教育宣传等方面进行宣讲；围绕助农振兴深化调查研究，进一步探索实践基地的生物资源，参观灵芝、木耳种植基地，科普龙丰果、毛樱桃等植物知识，推动项目产业成果落地，真正走出教室“小课堂”，走进社会“大课堂”。开展“沉浸式”体验务农劳作的志愿服务，进行林场杂草清理，培养吃苦耐劳精神；学习基层工作，提高实践能力，为服务当地发展，深入开展“防鼠防疫、病虫害防治”专题研讨会，发扬志愿服务精神。

本项目的初衷是助力推动实践基地的经济发展，项目的团队由具备创业所需专业知识和技能的成员组成，是一个凝聚力强、敢于创新的团队。益农“智”造公司将充分利用互联网平台，拓宽实践基地山木耳、灵芝等食用菌及大豆、玉米、水稻等经济作物和三七等野生药用植物的销售渠道。通过“O2O 互联网+特色农产品”销售模式，将原产地特色农产品直接对接消费者，同时利用线下参观和抖音、淘宝等平台多种宣传手段提升实践基地知名度。项目将依托红色基地和纪念馆等地区的文化优势，打造“红色+产业”平台，利用绿色生命弘扬红色文化，提高市场占有率。同时，本项目与实践基地经营所达成合作，共同推进农村双创平台建设，促进就业、助力乡村振兴。此外，团队还通过线下集中授课、进村办班，线上电视讲座、微课科普等知识付费的方式向农户科普植物种类和传播食用菌等种植技术，并定期开展农户一对多培训，提供后续服务和跟踪指导，项目的目标不仅是让小菌菇撑

开乡村振兴“致富伞”,更是要通过红色文化解锁强村富民的“幸福密码”。

(二)立项依据

1. 公司注册名称

益农“智”造——打造产业链优化及助销农产品与乡村振兴新模式

益农“智”造公司视人才为企业运作的根本,十分重视各级各类人才的引进和提高,科学合理接纳各种人才。在国家大力呼吁新农科的背景下,结合传统文化,借助大学生创新创业的契机,组建了项目团队。益农“智”造公司的成员不仅综合素质高、专业能力突出,还具备强大的开拓能力,饱含创业热情和实干精神,为实现益农“智”造公司的可持续发展奠定了坚实基础。益农“智”造公司致力于推动传统农村种植产业的多元化和大众化,并积极拓展国际市场。公司秉持立足当前、着眼未来的原则,制定了具有自身特色的先进销售战略;在确保产品质量的基础上,不断研究和开发新产品,形成了科研、开发、生产、销售一体化的管理机制,力求打造高科技传统品牌,实现名牌产业化与名牌产品为一体的发展战略。

2. 项目意义

公司的核心业务领域包含红色文化、教育科普、助农振兴、志愿服务等,旨在开展形式多样、内容丰富的社会实践活动。

本项目以助农为主要目的,通过红色教育提升农民的思想精神内涵、感悟时代精神、铭记时代使命,激发农民的奋斗意识;以教育科普为主要手段,提高农民对智慧农业的认识与了解,帮助农民适应新的科学农业模式;通过志愿服务,推动乡村进入农业生产新模式,建立合理完善的产业链,弘扬志愿精神;通过创新农业模式和日渐完善的产业体系,改善当地农民生活水平,开启通往幸福生活的大门。同时,大力推行此次项目,为公司发展开拓新思路,帮助公司更好地积累资源、打开市场。红色文化宣传将助力公司打造独特品牌,提升品牌知名度;公司秉持互相帮助、助人为乐、无私奉献、不求回报的志愿精神,通过学习弘扬志愿精神和进行志愿服务工作,形成了“德行天下、立志高远、诚信务实、创新发展”的优秀企业文化,促进企业员工精神层面的成长与发展。此外,公司主推健康高营养的农产品,诚信经营,确保高要求、高质量生产,为市场注入新鲜力量,为消费者提供全新选择,为市场发展提供强劲助力。

本项目致力于积极推进智慧农业进程,促进科学农业的全面普及,推动农村农业绿色可持续发展;通过教育科普的形式,帮助农民学习新的农业知识,培养新型农业人才，助力乡村人才振兴；以红色文化和志愿服务精神为核心，积极弘扬时代精神和志愿精神，从而实现文化振兴；打造优质农产品品牌，提升农产品品质，拓宽农产品销售渠道，助力产业振兴。除此之外，本项目具备完整的产业链，能够为乡村人员提供就业机会，为乡村发展招募人才、培养人才，最终推动乡村经济发展，助力实现乡村振兴。

(1)公司宗旨：传承和发扬红色文化，提高农民的科学精神、科学思想和科学方法。推动乡村振兴，加快农业农村现代化，打造绿色健康的服务和产品。

(2)企业文化：德行天下、立志高远、诚信务实、创新发展。

(3)企业责任：共建美丽乡村，共创美好生活。

(4)企业愿景：成为助力乡村振兴的一站式服务商。

3. 创业计划书主要内容

创业计划书将从项目概述、公司简介、产品与研发、市场营销、发展战略、商业模式、财务分析、融资说明、团队介绍九个方面来全面阐述本项目的特色、发展和未来展望，力求做到不仅让小菌菇撑开乡村振兴的"致富伞"，更要基于红色文化解锁强村富民的"幸福密码"。

(1)项目研究目的：

提高农业生产效率：通过智慧农业的应用，引入先进的信息技术和智能设备，实现农业生产的自动化、智能化和精细化，从而提高农业生产效率，降低生产成本。

改善农业生产环境：智慧农业技术有助于改善农业生产环境。通过精准施肥、灌溉和病虫害防治等措施，减少农业对环境的负面影响，实现农业的绿色发展。

促进可持续发展：智慧农业有助于实现农业的可持续发展。通过科学规划和合理布局，优化农业资源配置，提高农业资源的利用效率，保障粮食安全，满足人们日益增长的食品需求。

传承红色精神：在红色宣讲的过程中，弘扬"忠于职守、不畏艰难"的奋斗精神，将这种精神融入智慧农业项目的研究和实施中，激励广大农业工作者为实现农业现代化和乡村振兴贡献力量。

推动科技创新：智慧农业项目的研究和实施，需要依靠科技创新，以推动农业技术的持续进步和升级。通过引进、消化、吸收再创新的方式，不断提高农业科技水平和自主创新能力。

加强红色教育和乡村振兴：将红色宣讲与智慧农业项目相结合，可以加强红色教育，传承红色基因，并推动乡村振兴，实现农村经济的繁荣发展。通过讲述革命历史和英雄故事，激励广大农民群众积极投身乡村振兴事业，共同创造美好生活。

（2）项目研究内容：

①红色历史背景：红色宣讲团是传承党的优良传统和继承红色基因的重要载体，通过宣讲革命历史、英雄事迹和党的路线、方针、政策，激发人们的爱国热情和民族自豪感。

目标：加强受众对党的历史、理论与路线、方针、政策的认识和理解，从而提高受众的思想政治素质，激发爱国情怀。同时，将红色宣讲团打造成传播党的声音、弘扬革命精神、推动社会主义核心价值观建设的重要平台。

②宣讲主题与核心精神

革命历史与红色文化：讲述中国共产党的光辉历程和革命先烈的英勇事迹，弘扬红色文化。

党的路线、方针、政策：宣传党的最新路线、方针、政策，帮助听众了解党的最新理论成果。

社会热点问题解析：对当前社会热点问题进行深入浅出的解析，引导听众理性看待问题。

③宣讲形式与方法创新

形式：包括讲座、演讲、展览等多种形式，并利用新媒体平台（如网络直播、社交媒体等）进行线上宣讲。

方法创新：引入互动环节，增加问答和小组讨论等流程，加强受众与宣讲内容的互动和体验；采用创意手段进行宣讲（如舞台剧、动漫等），提高受众的参与度和兴趣。

④智慧农业技术的研发与应用

研发物联网技术在智慧农业中的实际应用，实现土壤湿度、温度、光照等环境参数的实时监测和远程控制，优化灌溉和施肥方案。利用人工智能技术，开发智能农业决策系统，提供准确的农作物病虫害识别、病害防治建议和天气预测等服务。探索大数据分析和云计算在智慧农业中的应用，帮助农民进行农业生产规划、市场预测和制定决策。

⑤红色精神与智慧农业的融合

传承和弘扬红色精神，赓续红色血脉，将红色文化融入智慧农业项目的研发和实施中。通过红色宣讲，激励农业工作者积极投身智慧农业事业，推动农业现代化和乡村振兴。

⑥关注可持续发展与环保问题

通过研究可再生能源在智慧农业中的应用，逐步减少对传统能源的依赖，从而减少农业生产对环境的影响。通过探索农田废弃物处理技术，实现废弃物的资源化利用，进一步促进农业生态系统的保护和恢复。

⑦实践案例与经验总结

收集并整理国内外智慧农业的成功案例和先进经验，为项目的研究和实施提供借鉴和参考。总结项目在实施过程中遇到的问题和挑战，提出针对性的解决方案和改进措施，推动项目的持续改进和优化。

（3）国内外前沿领域发展现状

智慧农业作为一种新型的农业生产模式，在全球范围内得到了快速发展。以下是关于智慧农业在国内外发展的一些现状：

全球智慧农业发展主要历经三个阶段：萌芽期、快速发展期和规模应用期。美国和欧洲国家在20世纪70年代末开始进行农业信息化、智能化的应用研究。中国在20世纪80年代也启动了农业专家系统的研制。自21世纪以来，农业机器人和精准农业等领域快速发展。需求推动传统农业向智慧农业转型，预计到2050年，全球人口将达到97亿，对农业产量的需求将大幅增加。智慧农业逐渐成为优化和保护资源的必要方式，进而全球各国都在加快智慧农业布局。

中国是全球智慧农业相关专利申请数量最多的国家，占全球申请数量的71.8%。智能技术的应用拉动了全球智慧农业市场的增长，全球智慧农业市场规模在2020年约为124亿美元，预计到2027年将超过400亿美元。赵春江院士对智慧农业发展现状及战略目标进行研究，指出智慧农业是农业信息化发展的高级阶段。尽管中国智慧农业发展迅速，但与发达国家相比，仍存在技术水平差距较大的问题。

不同国家采取的智慧农业发展模式各具特点。美国进行集中管控和规模发展；日本和韩国选择环保型种植；以色列的节水和智能化水平世界一流；德国以家庭农场和政府补贴为特点。

目前无人化农业是现代农业的重要发展方向，发达国家在自动化和智能化生产技术方面仍处于领先地位。我国虽然起步较晚，但发展迅速，中国政府高度重视智慧农业的发展，提出打造智慧农业，推进农业生产经营和管理服务数字化改造目标。在未来，中国的智慧农业拥有广阔的发展前景。

(4)项目研究价值

智慧农业利用物联网、大数据、人工智能等先进技术,可以实现对农业生产环境的精准监测和智能化调控,从而提高农作物的生长效率和产量;同时可以减少人力成本和资源浪费,提高农业生产的可持续性和生态效益;还可以提高农产品质量,增强农产品的市场竞争力,从而提高农民收入;通过使用环保技术减少农药和化肥等物品对环境的污染,改善农村生态环境。

智慧农业具有广阔的应用前景和推广价值,其发展对乡村振兴战略和农业高质量发展具有重要意义。因此,智慧农业的项目研究具有极高的价值。

科普宣讲作为一种有效的传播方式,可以帮助农民提升对智慧农业的认识和理解,扩大影响力,使农民们意识到智慧农业作为一项创新性的技术应用,可以提高农村经济发展并改善自身生活水平。通过科普宣讲,可以更好地挖掘智慧农业在农村现代化建设中的潜力,并进一步推动智慧农业的发展。这不仅有助于提高农业生产效率,增加农民收入,还能为农村提供更多的就业机会,促进农村经济的可持续发展。

科普宣讲可以为智慧农业项目争取更多的政策支持和资金保障。发展智慧农业需要大量的资金投入和技术支持,通过科普宣讲,可以争取更多的政策支持和资金投入,为项目的实施提供有力保障。智慧农业的发展需要农民的积极参与和支持。通过科普宣讲,可以增强农民对智慧农业的认同感,引导他们主动参与到智慧农业发展中来。

科普宣讲对推动智慧农业的项目研究进程具有很大的价值和意义,它不仅可以提升公众对智慧农业的认识和理解,还有利于促进乡村振兴战略的实施,推动农村现代化建设,从而为农村经济发展和农民生活水平的提高提供有力的支持和保障。

(5)项目研究创新点

①思想观念创新:通过进行科普教育和志愿服务,全面发展智慧农业,不仅带动了本地农业,还提升了地方知名度和影响力。

②研究方法创新

多媒体技术应用:利用现代多媒体技术,如虚拟实境、影像资料、数字化展示、微课堂、微视频等,展示红色文化的精神内涵和智慧农业的科普教育,增强宣讲的视觉冲击力和吸引力,提升宣讲效果。

互动体验设计:通过设计互动体验环节,让听众参与其中,通过观看电影、增加倾听栏目等方式，提高宣讲活动的趣味性和参与感，促进听众对智慧农业的深入理解和体验，提升宣讲的影响力。

线上互动：举办线上科普栏目，进行线上科普宣讲，提供农业文化知识学习、线上互动交流、活动预约等功能，方便听众随时随地获取农业文化信息，加强宣讲团与听众之间的互动和联系。

数据分析和反馈体系：建立听众反馈数据分析体系，通过收集听众反馈意见和数据统计分析，及时了解宣讲效果和听众需求，为宣讲活动的改进和优化提供科学依据。

社交媒体传播：利用社交媒体平台，如微博、微信、抖音等，扩大宣讲团的影响力和传播范围，吸引更多年轻人参与到文化传承中，推动文化的传播和弘扬。

4. 行业及市场前景

智慧农业作为农业现代化的重要方向，近年来在中国得到了迅速发展。以下是智慧农业行业发展和市场前景的一些关键点：

(1) 政策支持：中国政府高度重视智慧农业的发展，出台了多项政策来鼓励和支持智慧农业的创新和发展。例如，《数字乡村建设指南 2.0》和《“数据要素×”三年行动计划(2024—2026 年)》等，为智慧农业提供了广阔的市场前景和良好的生产经营环境。

(2) 市场规模增长：据中商产业研究院发布的报告，中国智慧农业市场规模在 2022 年达到 868.63 亿元，同比增长约 26.81%，预计 2024 年将超过 1 000 亿元。

(3) 市场结构：智慧农业市场主要以数字平台服务和智慧种植为主，这两部分加起来占总市场的 67%。植保无人机、智慧养殖、农机自动驾驶等其他领域也占有一定比例。

(4) 技术应用：物联网、云计算、大数据、人工智能、区块链等现代信息技术在智慧农业中的应用日益广泛，这些技术有助于提高农业生产的效率和产量。

(5) 企业参与：市场主体包括大型企业和农业企业，正在积极探索智慧农业领域，推动行业的数字化转型。

(6) 行业挑战：尽管取得了一些显著成果，智慧农业在发展过程中仍面临一些挑战，如农村信息化建设缓慢和农业信息安全性有待提高。

(7) 人才需求：智慧农业企业对人才的需求较大，需要通过提高用人待遇和福利来吸引更多专业人才。

(8) 长期战略地位：智慧农业被视为解决中国人口与土地矛盾的重要途径，预计未来将进一步向精细化、智能化、集约化和科学化方向发展。

(9)投资潜力:智慧农业具有较大的市场潜力和投资价值,预计市场规模将以中高速增长,预计到2027年将达到1 214亿元。

(10)行业关注:智慧农业作为提升农业行业现代化水平的新模式,受到国家的高度关注,并有相关部门出台政策鼓励其发展。

5. 技术或商业模式(图3-4)

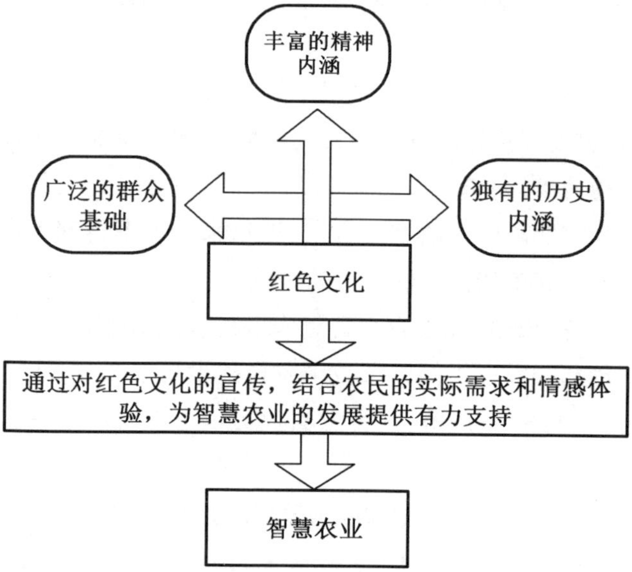

图3-4　技术或商业模式

红色文化是我国独有的文化资源,具有深厚的历史底蕴和丰富的精神内涵。红色文化强调团结、奋斗、奉献和牺牲精神,与智慧农业所倡导的创新、务实、高效的精神高度契合。在智慧农业的宣传推广中,利用红色文化资源的优势,能够更好地激发农民的参与热情,提高他们对智慧农业技术的接受度和认同感。

可以通过红色教育基地、红色旅游线路等渠道并结合当地的红色文化资源和农业生产实际,开展智慧农业技术与产品的宣传和普及活动。还可以利用新闻媒体、网络平台等方式,报道典型案例、发布技术成果等内容,扩大智慧农业产品的知名度、影响力。

结合红色文化进行实践基地智慧农业商品宣传,可以采用以下策略:

(1)强调智慧农业与红色文化的共同价值,突出智慧农业技术在推动农业现代化、促进农民增收等方面的积极作用。

(2)利用红色故事、英雄人物等生动素材，通过讲故事的方式，向消费者介绍实践基地的历史背景与时代特色，突出其时代精神，以此增强品牌知名度，打开产品销路，抢占市场。

(3)在红色文化景区或活动现场设置智慧农业展示区，让消费者亲身体验智慧农业技术的魅力。

通过红色文化、教育科普、助农振兴、志愿服务等方面的发展规划，公司不仅能够实现自身的社会责任，也能够促进社会的整体进步和发展。

①红色文化

目标定位：弘扬红色精神，传承革命传统，增强员工和公众的爱国主义情怀。

实施策略：公司应组织红色教育活动，如参观革命历史博物馆、红色教育基地；开展红色主题演讲、征文比赛，激发员工的爱国热情；与学校合作，开发红色文化课程，教育青少年了解国家历史。

教育基地建设：在公司内部或周边地区建立红色文化教育基地，展示革命历史文物，组织员工定期参观学习。

红色主题活动：公司应定期举办红色主题的文艺演出、演讲比赛等，增强员工对红色文化的认识和理解。

红色文化产品：开发与红色文化相关的产品，如纪念品、书籍等，通过产品传播红色文化。

②重温红色之旅，夯实理论根基

a.“红星闪耀、理论照耀”红色宣讲会

本项目采取线上线下同时进行的方式，开展“红星闪耀、理论照耀”红色宣讲会来宣扬红色文化。

b.一月一主题

为了深入推动红色文化的传承与发展，项目将以“一月一主题”的活动形式开展，通过每月设定一个主题，用丰富的活动形式和载体来推动红色文化的深入人心，成为激励人们前行的强大动力。

c.党史学习教育

从党的历史中吸取智慧和力量，弘扬伟大建党精神，发扬党的优良传统，开展党史学习教育活动。通过党史学习教育让公司员工重温那段艰苦卓绝感人至深的峥嵘岁月。当代青年肩负时代的责任与使命，要从百年党史学习中见证祖国的困难与荣耀，在未来的新征程中凝聚力量、激发活力，将党的革命精神发扬光大。

公司以“革命初心，砥砺前行”为主题，开展一系列红色教育活动。通过组织员工参观革命遗址、观看红色影片（《建国大业》《建党伟业》等）、举办主题讲座等形式，让广大干部群众深刻领会革命先烈的英勇事迹和崇高精神，激发爱国热情，坚定理想信念。

d. 四大精神

四大精神包括：东北抗联精神、北大荒精神、大庆精神、铁人精神。这“四大精神”是黑龙江弥足珍贵的精神力量，连接着昨天与今天，也定义着过去和现在。东北抗联精神的形成是以杨靖宇、赵一曼等人为代表，一众东北抗日联军将士在国家危亡时刻，在极其恶劣的自然条件下，进行了长达十四年艰苦卓绝的斗争；沉重打击了日本侵略者，为全国抗战做出了重大贡献，不惧艰险、不畏流血牺牲，突破重重阻碍，从而孕育形成的。北大荒精神是几代拓荒人承受了难以想象的艰难困苦，他们战天斗地、百折不挠，用火热的激情、青春和汗水使我国的东北边陲形成了一片充满生机和希望的绿洲。大庆精神是以王进喜为代表的一批“大庆石油人”凭借着艰苦奋斗、无私奉献的精神。大庆精神与铁人精神一脉相承，形成于大庆石油会战期，是中华民族精神的重要组成部分。大庆精神是对铁人精神的继承和发展，铁人精神是大庆精神的核心组成部分，两者都是中华民族宝贵的精神财富，是推动我国石油工业发展的强大动力。这些伟大的革命精神是中国共产党人在长期革命实践中培育而成的宝贵精神财富，是激励我们继续前进的伟大精神。

公司以“红色家风，传承美德”为主题，开展家庭红色故事分享会，助力红色文化在家庭中生根发芽；以“红色歌曲，唱响时代”为主题，举办红色歌曲演唱会，用歌声传递红色精神。这些主题活动将贯穿全年的每个月份，使红色文化的学习成为一种常态化、制度化的安排。

e. 诚信教育

以普法宣传、诚信教育、法律援助、诚信监管和合作共建等内容开展工作。推动诚信教育工作深入开展，为构建和谐社会实现国家治理现代化贡献力量。

推动诚信教育，共筑和谐社会之基。在如今社会中，诚信已经成为人们日常交往、经济合作乃至国家治理的重要基石。充满诚信的社会，能够凝聚人心，促进和谐社会的推动发展。首先，诚信教育是培养公民道德素质的重要途径。通过学习诚信教育，公民能够形成正确的道德观念，自觉遵守社会公德，远离不诚信行为。其次，诚信教育是促进经济发展的有力保障。在市场经济中，诚信是商业活动的基本准则。此外，诚信教育还是提升国家治理水平的关键因素。政府部门的诚信行为，对于树立政府形象、增强政府公信力具有至关重要的作用。最后，我们要认识到，推动诚信教育并非一蹴而就的事情，而是一项长期而艰巨的任务。我们需要持之以恒、久久为功，不断总结经验、创新方法，推动诚信教育取得更加显著的成效。

f."青年研学增干劲，青春建功新时代"红色研学旅行

为深学笃用习近平新时代中国特色社会主义思想，笃信笃行，真抓实干贯彻党的二十大精神，推动主题教育取得实实在在的成效，开展以"寻访红色印记，传承红色基因"为主题的活动，接受革命传统教育和红色洗礼，提高思想觉悟，用心体会革命前辈的艰苦奋斗历程，为实现中华民族伟大复兴的中国梦注入强大精神动力。红色宣讲团走进红色基地，前往八女投江革命烈士陵园、牡丹江市工业印象馆关东民俗馆、宁安渤海上京遗址、海南乡红旗村抗联伞兵英雄谷、海南乡红旗村抗联伞兵英雄谷、宁安马骏纪念馆、海林杨子荣纪念馆，通过参观革命旧址，瞻仰红色文化，聆听英雄故事，了解烈士生平事迹，学习党的历史，感受革命文化，进行祭奠扫墓、鞠躬、默哀活动，向各位烈士表达自己的敬意，铭记革命先烈的丰功伟绩。

为了深入学习贯彻党的二十大精神，向榜样党员看齐，团队邀请校友前往学校进行红色励志故事讲解，通过与新时代青年交流沟通，回顾中国共产党带领人民艰苦奋斗创造美好生活的经历，激励新时代青年牢记习近平总书记的嘱托，继续奋斗、不负韶华，积极宣扬老一辈的红色精神。青年干部们还行走在"学习长廊""学习书苑"中，开启了一次"抬头能看、望眼能见，看能思、见能悟"的全方位学习理解，实现了沉浸式感受，走心式吸收。

通过此次活动，让青年干部们受到了深刻的思想洗礼，进一步坚定了理想信念。大家纷纷表示，本次研学交流活动有思考、有深度，今后将在各自岗位上自觉发挥好青年模范作用，以青春之力、奋进之姿，为推动全县经济高质量发展贡献青春力量！

g.感受历史脉动，厚植家国情怀

开展"粗粝能甘，纷华不染"线上栏目，"精神不灭，信仰永存"观看红色电影，"心灵共鸣，红色倾听"倾听红色人物、劳动楷模的活动。

"粗粝能甘，纷华不染"线上栏目：通过开展红色文化视频微课、公开课和网络小视频制作来重温红色故事，更好地传承红色文化。新媒体为红色文化的传播提供了新载体、新平台和新方式。合理利用新媒体，不仅有利于深入萃取红色文化的基因密码，而且有利于红色文化在现代性境遇下的传承与创新。借助人工智能、

5G、大数据等新兴科技,以及“云游”直播服务让学生相聚“云”端共同学习红色文化、红色精神。

“精神不灭,信仰永存”红色电影:组织观看《建国大业》《创业》等红色电影,通过观影活动来增强人民群众坚不可摧的信仰情怀和对党无限忠诚的精神。《地道战》以抗日战争时期为背景,讲述了冀中地区人民群众在党的领导下,利用地道战术打击日本侵略者的故事。能使大学生和人民群众深刻体会到团结就是力量的道理,以及人民群众在抗日战争中发挥的重要作用。《建国大业》这部影片,以新中国的诞生为背景,展现了中国共产党领导人民取得革命胜利的伟大历程。影片中演员们塑造的历史人物形神兼备,让观众深刻感受到了那个时代的风云变幻和英雄辈出。《红岩》中的江姐,她面对敌人的严刑拷打,始终坚贞不屈,用自己的生命捍卫了信仰和尊严。这样的英雄形象,激励着观众追求真理、坚守信仰,为国家和民族的繁荣富强贡献自己的力量。电影《创业》不仅展现了创业者们的艰辛历程,更深刻地诠释了他们的梦想、坚持和拼搏精神。这次活动中我们还共同观赏红色影片《建党伟业》的经典片段。这部电影主要讲述了从辛亥革命到中国共产党成立这段时间里波澜壮阔的历史。它让我们深刻认识到,中国共产党的成立是历史的必然,是广大人民群众的必然选择。通过这次红色电影导读活动,我们深刻感受到红色党史的深刻内涵和时代价值。这些精神财富不仅是我们前进的动力,更是我们坚守初心、勇担使命的源泉。

“心灵共鸣,红色倾听”倾听红色专栏:倾听红色故事,传承革命精神,坚定理想信念不动摇;倾听红色故事,传承红色基因,牢记初心使命不忘记。雷锋是中国共产党的优秀党员和伟大社会主义事业的杰出代表。他在生前无私奉献、艰苦奋斗,被誉为“人民的好儿子”。可以通过讲述他坚定的信念、勤俭朴素的生活态度及为人民服务的奉献精神,来激励青年学生学习雷锋,传承雷锋精神。杨善洲是一位为人民教育事业献出生命的优秀教育工作者。他在革命时期坚定信仰,为革命事业无私奉献,最终壮烈牺牲。他为教育事业奋斗终生的故事,激励青年学生珍爱教育、热爱学习。陈翔荣在边境冲突中冲出重围,营救战友英勇战斗、奋力反击、毫不畏惧,直至壮烈牺牲,他的英勇行为,展现了中国军人的坚定信念和顽强斗志,通过他的事迹体现了中国人民解放军英勇无畏、守护边疆、忠诚履职、不畏牺牲的爱国情怀。让学生通过“读”“看”“讲”红色故事,激发广大青少年爱党、爱国、爱社会主义的巨大热情,教育引导青少年学习老一辈革命家不忘初心、牢记使命、踔厉奋发、勇毅前行的红色精神,赓续红色血脉,自觉肩负起实现强国建设、民族复兴伟业的历史使命。一个个红色故事，生动彰显了革命先辈坚不可摧的理想信念。聆听他们曾经参加革命斗争的经历，以此来弘扬红色精神，传承革命传统，激励青年人为实现中华民族的伟大复兴而奋斗。

②教育科普

目标定位：提升公众的科学素养，普及科学知识，促进社会文明进步。

实施策略：建立科普教育基地，举办科普讲座和展览。利用新媒体平台，发布科普视频和文章，扩大科普教育的覆盖面。与科研机构合作，开展科研项目，推动科技成果的转化和普及。

科普平台建设：利用公司资源建立科普教育平台，发布科普知识，提供在线学习资源。

科普活动组织：与专业机构合作，组织科普讲座、科学实验等活动，提高公众的科学兴趣。

科普内容创作：鼓励团队成员参与科普内容的创作，如撰写科普文章、制作科普视频等。

农业方面：为了突出鼓励支持畜禽养殖生产，促进畜牧业高质量发展，宣讲成员在乡村进行教育宣讲，一是依托远程教育网络，建成以县为核心、以乡镇为重点、以村为基础、以专家团为依托、以饲养户为服务对象，连通全国、功能完善的畜牧业服务与信息网络体系，全面提高畜牧从业人员的科技素质。二是充分利用我校的资源优势，切实加大对普通饲养工的技术培训，使其尽快熟练掌握畜禽繁育、疫病防控和饲喂技术、日常管理技术和食品安全等知识，努力提高养殖工的综合素质。

畜牧业方面：为了促进畜牧业稳定发展、畜禽产品市场平稳运行，维护养殖者和消费者利益，提升畜禽产品供应安全保障能力。坚持问题导向和系统观念，大力提升农业科技创新体系整体效能，以科技创新引领产业全面振兴。因此，需要让农民接受、使用、受益于新质生产力。

老年人生物常识宣传与普及方面：首先，在“云端”平台上，进行各类健康科普公益直播和微视频普及卫生健康知识，对所谓的“养生秘籍”逐个辟谣。其次，对于生物知识的宣传主要采用线上和线下结合的方式，达到对老年人群体的教育和普及目的。

大学生科普教育：利用宣讲感动中国人物和年度科普人物事迹，树立榜样精神，以此来激励大学生的爱国思想、爱国情怀、科学家精神。例如王浩院士的科普事迹、中国科学院大学“春分工程”科普团队、“飞机爷爷”——柏景森副会长的故事,并利用特岗教师的例子加以辅佐,提高大学生的社会责任感。

中小学生生物知识科普教育:科普人员将进入中小学校,利用组织科普讲座或演讲活动,制作科普视频,通过生动有趣的方式向中小学生介绍科学原理、实验方法等内容。策划和组织科普展览,展示科学实验、科技产品等,吸引更多学生参与,增加科学知识的传播和普及的渠道。组织中小学生参与科学实验、观察科学现象、进行科学探究等,项目可以将所知道的科学知识和研究成果分享给中小学生。

儿童生物知识教育宣传方面:科普人员将根据不同年龄段孩子的行为来制订不同的科普计划,例如:对于0~2岁的孩子让他们亲近自然,了解自然,了解生物。对于2~7岁的孩子可以举行线下的趣味知识宣传活动,同时可以安排主持人进行问答活动,加深互动体验。对于7~12岁的孩子,科普人员在线上可以通过短视频平台,电视节目(动物世界等)参观。线下可以带学生去标本馆、博物馆、海洋馆等进行参观。

综上:我们要做好科普,要善于讲故事,通过打比方、举例子等方式,将晦涩高深的科学内容转变为易于理解和接受的大众语言。同时,还要充分利用各种平台和渠道,例如访谈、讲座、图书出版、直播、短视频等形式,打通科普的"最后一公里",让生物科学更好地融入公众的日常生活中。

③助农振兴

目标定位:支持农业发展,帮助农民增收,促进乡村振兴。

实施策略:开展农业技术培训,提高农民的种植养殖技能。建立农产品销售平台,帮助农民拓宽销售渠道。投资农业科技项目,推动农业现代化,提高农业生产效率。

农业技术支持:与农业科研机构合作,为农民提供先进的种植养殖技术。

农产品市场拓展:利用公司的销售网络,帮助农民销售农产品,提高农产品的市场竞争力。

农业项目投资:投资农业科技项目,推动农业产业的升级和发展。

a. 岗位实践

为学习宣传党的二十大精神,以党建引领基层治理,注重调研,促进主题教育走深走实,学深悟透精神,凝心聚力前行,聚焦"党建+乡村振兴",夯实发展根基。

习近平总书记强调:既要"身入"基层,更要"心到"基层。为丰富实践基地全体员工的娱乐生活,引导志愿者深入基层工作,志愿者服务队协助实践基地的领导和职工处理办公文件、会议文件,协调机关日常工作,档案信息管理、后勤行政管理和林业教育人才培训工作。在会议筹备中，志愿者协助会议策划、会议选址、会前准备、宣传通知、布置会场、总结评估等工作。

“上面千条线，下面一根针。”基层干部是联通上下的纽带，他们的辛勤付出和忠诚担当，是我们社会进步的坚实保障。只有基层工作务实，社会的发展建设才能好，乡村振兴才能得以实现。基层干部们从不计较个人得失，勇于担当责任。无私奉献为人民，兢兢业业肯奉献，通过做好基层工作助力乡村振兴建设。

锚定特色专业，增强专业水平，提高实践能力，为农业农村发展输送学科专业知识，提供智力支撑，努力谱写乡村振兴的华彩乐章。用青春的智慧和汗水打拼出一个更加美好的乡村。

b. 劳动体验

为切实服务当地生态环境，践行绿色环保理念，牢固树立和实践绿水青山就是金山银山的理念。团队成员“沉浸式”体验务农劳作、深入田间地头，以劳动进行“绿色”志愿行动，让成员在实践中切实感悟劳动之美，也为培训基地林场绿色生态环境贡献出一份青春力量。

志愿者们与当地林业技术员学习正确的林场清理方式，参与并展开巡林工作，保护森林资源，维护生态平衡。同时进行林场杂草清理、捡垃圾、垃圾分类等环保行动，当环保卫士，为林场创造良好的生态环境。我们应时刻牢记保护生态环境，打造“绿色”社会，积极参与环保工作，这是功在当代、利在千秋的发展之道。

c. 志愿服务

目标定位：培养员工的社会责任感，通过志愿服务活动回馈社会。实施策略：建立志愿服务团队，定期组织志愿服务活动。与社区、学校、医院等机构合作，开展针对性的志愿服务项目。鼓励员工参与志愿服务，并提供时间和资源上的支持。

志愿服务体系：建立完善的志愿服务体系，包括志愿者招募、培训、活动组织等。

志愿服务项目：开展多样化的志愿服务项目，如环境保护、教育支持、医疗援助等。

志愿服务激励：对积极参与志愿服务的员工给予表彰和奖励，提高员工的参与热情。

【授牌共建共享，赋能乡村振兴】

为充分发挥各自优势，形成同频共振、协作共赢的良好局面，逐步打造“校地联手、自主互动、共建共享、合作发展”的社会实践教育基地品牌。同时，也为青年志愿服务搭建全新的实践平台，真正实现在共享中共建。党建引领聚合力，夯基垒台，为乡村振兴赋能。

【立足学科专业，深化调查研究】

为激励实践基地扛牢全面、从严治党主体责任，深化政治清明、干部清正的基层政治生态。促进注重生态保护，重视自然环境与可持续发展。引起公众对科学研究的关注和兴趣，促进科研成果的传播和应用，充分发掘林场内现有资源，开拓创新产业。完成产学研相结合的任务，深入基地实践活动。

【点燃科普圣火，传递科研精神】

为助力乡村振兴，点亮“鲜味课堂”，实现在共享中共建，进一步探索实践基地的生物资源，提升实践能力和创新水平，加强专业知识与实践行动相结合。团队成员开展科普教育，深入灵芝、木耳种植基地走访调研。

【志愿服务树新风，暖风生科助振兴】

为深入学习党的二十大精神，贯彻落实习近平总书记重要指示，丰富新时代志愿服务内涵，引领青年学生建功新时代，奋进新征程。公司深入林场进行杂草清理，和实践基地员工学习正确的清理方式，增添行动力和学习能力的认知。同时志愿者们走进办公室向实践基地领导学习基层工作，学习办公技巧。

【守护安全进林园，安全教育小贴士】

为广泛宣传普及病虫害防治，防鼠防疫知识，实践基地多措并举开展“病虫害防治，防鼠防疫”系列活动。进一步增强团队成员和实践基地广大干部群众的保护生态意识。

6. 创业过程、机会与商业分析

(1)政治环境

农村集体经济组织是提高小农户生产组织化的重要载体。红色文化是中国文化传统的重要组成部分，也是当前社会主义核心价值观的重要内容。随着社会的发展和进步，越来越多的人开始关注和重视红色文化的传承和弘扬，这为红色宣讲团和青年研学行动提供了发展的机遇。

(2)经济环境

我国居民的消费水平不断提升，消费能力不断增强，行业竞争激烈。对于优质消费，绿色消费的需求增多，总体呈现消费升级的趋势。消费者对于绿色健康，特色农产品的需求不断增加，调查显示，价格已经不是消费者考虑农产品消费的第一要素，取而代之的是消费者对于产品质量、新鲜程度和特色的需求。消费者有能力消费更优质的产品，故而，农产品产业链供给改革刻不容缓。

(3)社会环境

农产品市场存在短板但发展势头良好。当前社会对线上农产品需求程度较高，但是也存在着一定的问题亟待解决，首先是消费者对线上农产品认可度较低，质量存疑。这是大众观念从传统农产品买卖到电商发展的必然情况，农产品电商营销也存在一定的问题，营销的组织化程度相对较低，不能形成广泛辐射的社群营销。当前农产品市场发展已经进入新阶段，互联网电商与传统农产品批发各有其不同优势。互联网在便利、迅捷、和信息集成上有优势，但后者在体验、服务和消费者自主性上也有优势。所以，如果将二者的优势恰当结合，就能形成企业的核心竞争力。

(4)技术环境

面临挑战同时充满契机。飞速发展的电子科技技术在人们生活中发挥越来越重要的作用，对提升农产品销量，提高消费者消费体验感有重要作用。随着用户的增多，拼团、购买、反馈等操作人数增加，对线上小程序技术层面的挑战也在加深。农产品电商化的兴起本身得益于互联网技术的发展，而同时人工智能、VR、大数据等新技术的发展也在不断冲击着各行各业，成为推动农产品销售变革的又一力量。随着更多企业在这些方面的发展，势必会推进在线食品销售平台的全面发展，推动企业技术向更深层次发展。

(5)机会

①电子商务发展：农村电商和直播带货等新兴渠道为农产品销售提供了新机遇。

②消费升级：消费者对健康食品的追求，为高品质农产品提供了更广阔的市场空间。

③合作潜力：与其他农业科技公司、物流公司或零售商合作，可以拓展业务范围和市场影响力。

④国际市场：随着全球化的发展，有机会将产品出口到国外市场，增加收入来源。

⑤政策支持：政府对红色文化传承和智慧农业发展给予重视和支持，为项目的发展提供良好的政策环境和发展机会。

⑥市场需求：农业市场需求旺盛，有着广阔的发展空间和潜在客户群体，可以开拓更多的市场机会。

7. 管理模式

“品牌+公司+基地+农户”盈利模式：以公司或集团企业为主导，以农产品加工、运销为龙头，重点围绕一种或几种产品的生产、销售，与生产基地和农户实行有机的联合，采取统一品种供应、统一技术管理、统一农化服务、统一订单收购、统一品牌销售“五统一”的生产方式，进行一体化的经营，形成“风险共担，利益共享”的经济共同体。

通过“公司+基地+农户”模式，在有种养条件的农村，经过公司、村委会、村民三方磋商，达成合作共赢发展协议，由公司牵头，遵循农民自愿入社原则，吸纳农户进行入户种植，公司提供优质中药苗（或种子）、技术跟踪服务，农户负责种植，种植周期完毕，后公司负责回购。然后公司贴牌销售，基本形成以公司为依托，合作社为基础，农户为保障的“品牌+公司+基地+农户”利益共同体，形成产供销一条龙的经济联合体，促进三方互利互赢。

8. 创业投融资计划

项目未来一年的融资计划及进展预测：未来的一年内公司将处于项目发展初期到中期的阶段。在发展初期公司的融资方式主要采用股权融资，由项目组成员进行融资，因为这个阶段对融资方的资产负债情况不会有很大的压力。在发展中期阶段公司将加入债权融资方式，在这一阶段公司对整个项目有了明确的方向，对债务的偿还有一定能力。2024 年公司项目组成员计划在项目“五色绿海，铸心育人”上投入 20 万～25 万元，这有利于公司开展下一步的工作。

益农“智”造公司的所有资金，其用途必须只能用于益农“智”造公司的日常费用开支、一切与益农“智”造公司经济业务有关的相关事项。任何与益农“智”造公司业务活动无关的支出，都绝对不能支付。益农“智”造公司任何人都没有例外的权利。

益农“智”造公司所有经济活动资金的流入，除了必须存入对公账户之外，其余要存入个人账户的，其个人账户必须是独立用于益农“智”造公司资金的专用账户，绝对不能将益农“智”造公司与私人的资金混放。

益农“智”造公司的初始投资金额为 150 万元，其中分为有形资产和无形资产。在进行益农“智”造公司的资产估值时，需考虑多种因素与方法。关键因素包括市场供需关系、市场环境、非财务要素，如品牌和管理质量、行业特性及公司的风险水平和预期收益。此外，选择适当的估值方法对于准确估计至关重要，常用方法包括市盈率、市净率和折现现金流法等。最终的估值还需结合专业意见，通过综合分析这些变量，并运用合适的估值模型，可以得出反映促农助销公司真实价值的合理估算。

9. 企业成长预测

益农“智”造公司的三年计划应该包括一系列具体的目标和行动计划，以实现公司的长期发展愿景。以下是一个概括性的三年计划示例：

第一年：基础建设与市场拓展

(1)品牌建设：建立公司品牌形象，设计统一的 LOGO、包装和宣传材料。制订品牌推广计划，包括社交媒体、线上线下广告等。

(2)供应链优化：建立或改善与农户的合作关系，确保供应原料的稳定性和质量。引入供应链管理系统，优化库存和物流流程。

(3)销售渠道开发：开设线上商店，利用电子商务平台和社交媒体进行产品销售。建立与本地零售商和超市的合作关系，拓宽销售渠道。

(4)市场调研：进行市场调研，了解消费者需求和竞争对手情况。根据调研结果调整产品线和营销策略。

第二年：增长与创新

(1)产品创新：根据市场需求推出新产品，如有机系列产品或特色农产品。引入新的生产工艺或技术，提高产品质量和生产效率。

(2)市场扩张：开拓新市场，包括国内其他区域和国际市场。加强品牌推广，提高品牌在目标市场的知名度。

(3)客户关系管理：建立客户数据库，分析购买行为，提供个性化服务。开展客户忠诚度计划，提高回头客比例。

(4)合作伙伴关系：寻找战略合作伙伴，如农业科技公司、食品加工企业等，共同开发新产品或拓展业务。

第三年：巩固与可持续发展

(1)品牌巩固：加强品牌宣传，提升品牌形象和市场份额。通过高质量的产品和服务，建立良好的口碑。

(2)技术升级：持续投资于技术研发，提高农业生产的智能化和自动化水平。引入先进的数据分析工具，优化市场预测和决策过程。

(3)社会责任：加大对环保和可持续发展的投入，如推广绿色包装和节能减排措施。参与社区支持农业项目,提升公司在当地社区的影响力。

(4)财务管理:对财务状况进行定期评估,确保健康的现金流和盈利能力。寻找新的收入来源,如提供咨询服务或开展农业培训。

在整个三年计划中,助农促销公司需要定期评估进度,并根据市场变化和公司发展情况调整计划。同时,公司应保持灵活性,以便快速应对可能出现的挑战和机遇。

10. 风险防范

风险资本的退出方式是其投资周期的关键部分,它标志着风险投资的最终收益实现。对于益农"智"造公司而言,风险资本的退出途径主要包括但不限于以下几种:

企业并购(M&A):这是风险资本常见的退出方式之一。并购包括收购和兼并两种方式,风险投资者通常通过转让股权的方式退出。如果风险投资者认为企业在短期内无法发展到可以上市的规模,可能会选择这种方式来收回投资并获得收益。

回购退出:指企业的管理层或创始人购回投资者手中的股份。这通常是管理层和创始人偏好的方式,同时也是风险投资者乐于接受的退出策略,因为它往往意味着企业发展稳定,管理层有信心以自有资金回购股份。

首次公开上市(IPO):风险企业挂牌上市是另一种退出机制。这不仅可以保持企业的独立性,还可以在证券市场上建立持续融资的渠道。然而,IPO 需要满足较高的市场要求,并且准备过程较为烦琐和耗时。

清算退出:在某些情况下,企业运营可能不如预期,或者项目彻底失败。此时,风险资本可能选择尽快清算,尽可能地回收残留资本。在没有其他债务或债权人不追究的情况下,剩余资产可以通过协商分配。

此外,风险投资者在选择退出时机时会非常谨慎,因为这直接关系到投资的收益大小。通常,风险企业会选择在企业未来投资收益的现值高于市场价值时出售公司。总的来说,每种退出方式都有其优势和劣势,风险投资者会根据市场状况、企业发展情况及个人投资策略做出最合适的选择。

11. 预期效益分析(表 3-17 及图 3-8)

表 3-17　未来五年营收预测表

单位:万元

项目	2024 年	2025 年	2026 年	2027 年	2028 年
一、营业收入	25	50	65	80	100
减:营业成本	5	5	5	5	5
销售费用	2	2	2	2	2
管理费用	3	3	3	3	3
财务费用	2	2	2	2	2
主营业务税金及附加	1	1	1	1	1
二、营业利润:	12	37	52	67	87
营业外收入	5	5	5	5	5
营业外支出	3	3	3	3	3
三、利润总额	14	39	54	69	89
减:所得税费用	3. 5	9. 75	13. 5	17. 25	22. 25
四、净利润	10. 5	29. 25	40. 5	51. 75	66. 75

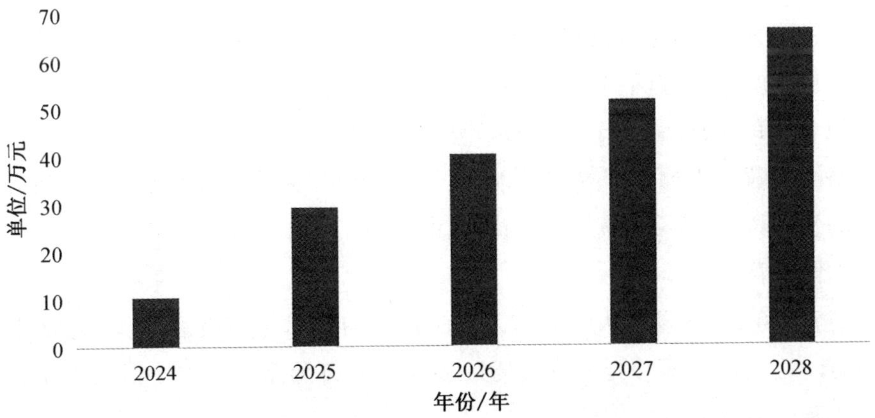

图 3-5　未来五年净利润发展预测

五、引领航向，以获得感赋能大学生"三下乡"

（一）案例背景

1. 政策背景

为认真贯彻落实《中央宣传部等部门部署开展2023年文化科技卫生"三下乡"活动》《中共中央国务院关于做好2023年全面推进乡村振兴重点工作的意见》《关于开展2023年全国大中专学生志愿者暑期文化科技卫生"三下乡"社会实践活动的通知》等指导性文件，生命科学与技术学院"绿海飞扬"志愿服务队深入牡丹江市英格岭经营所开展丰富多彩的社会实践，带领学生探索国情、社情、民情，旨在引导青年学生在社会实践的大课堂中受教育、长才干，从而为乡村振兴提供智力支持和人才支撑。上述文件为本次以"生生不息，青科乡梦"为主题的"三下乡"社会实践的顺利开展提供了重要支持。

2. 地方背景

英格岭经营所位于黑龙江省牡丹江市宁安市东京城林业局南部，坐落在美丽的镜泊湖畔。英格岭经营所是闻名全省的"莺歌岭新石器文化"发祥地，遗址距经营所仅1.5千米，出土了陶猪、石镞等珍贵文物。它也是一个以营林生产为主的单位，林区面积广大，有丰富的林业资源。林场过去通过采伐木材支持国家建设，现在则植树造林为国家储备森林资源，保护生态环境。这里的野生动物和野生植物资源也非常丰富，为志愿者提供了很好的学习交流平台。

在红色旅游发展方面，施业区内有莺歌岭战斗遗址和陈翰章烈士牺牲地，陈翰章烈士纪念园距经营所12千米，经营所内部还建设了"莺歌岭文化展厅"。

英格岭经营所为师生深入田间地头，体验乡村振兴最新成果和深入调研，提供了广阔的发展舞台，为乡村振兴和强国建设贡献了力量。

3. 志愿者背景

"绿海飞扬"志愿服务队成员均为生命科学与技术学院院系学子，包括生物科学、生物技术、制药工程、园艺专业，通过多专业的碰撞融合，为"三下乡"社会实践活动提供新鲜血液和智力支持。

生物科学专业的学生具有丰富的理论知识，作为师范专业的团队成员具有专业的教研能力和宣讲能力。生物技术专业的学生掌握了生物科学与技术的基础理论、基本知识和基本技能，在英格岭林区内可以更好地突出专业优势，实现从实验室到自然环境实际操作的突出性转化。制药工程专业的学生主要学习化学、生物学、药学和工程学等方面的基本知识和技能。林区内有很多植物都可以入药，为志愿者提供了很好的观察样本。园艺专业的学生主要学习植物繁殖、加工等方面的基本知识和技能，可以在林区了解到植物的特性。

参加此次活动的志愿者都是成绩优异、获得过奖学金和三好学生荣誉称号、学习能力强的学生。志愿者都有担任院学生干部的经历，具有较强的工作能力、沟通交流能力、组织协调能力。其中有些志愿者曾多次参加大学生创新创业大赛，具有一定的实践创新能力。

指导教师均为青年优秀教师，有丰富的学生管理经验，能更好地完成对接工作，并对本次“三下乡”活动进行专业性指导。教师与志愿者一起深入基层走访调研，凡事亲力亲为，与志愿者同心协力，组成具有高度凝聚力的团队。

（二）工作思路

1. 立格局，强化实践主阵地资源投入

学院为抓好顶层设计，成立了领导小组，由党政班子成员、带队老师走进英格岭经营所深入走访调研，与英格岭经营所负责人精准对接工作。广泛动员，发起“三下乡”社会实践招募，广泛动员学员学生参加此次社会实践活动，经过层层选拔，最终组建了“绿海飞扬”志愿服务队。团队立足学校资源与学院优势，实现在不同专业、不同年级的多领域、多年级全覆盖。“绿海飞扬”志愿服务队以“生生不息，青科乡梦”为主题，扩大实践宣传覆盖面，为实践长期有效发展提供保证。

2. 拓载体，提升社会大课堂引领功能

由学院为“绿海飞扬”志愿服务队精心设计志愿服务实践活动方案，进行问卷调查，做好充分准备，搭建全新实践平台，授牌大学生社会实践教育基地，真正实现在共享中共建。学院组织志愿者参观红色基地，追寻红色印记，汲取时代力量，体悟党的历史足迹，感受红色精神；听老党员讲红色故事、话家常，传承红色思想火炬；展开党史学习教育实践；组织“生科闪耀，理论照耀”宣讲进林场，开展学习宣传党的二十大精神；点燃科普圣火，传递科研精神，推动领跑“小灯笼，大能量”创新创业项目落地，助力乡村振兴；点亮“鲜味课堂”，进一步探索林场生物资源，学习林场维护等日常工作，深入走访调研。以“志愿服务树新风，暖风生科助振兴”为主题开展社会实践，多次组织林场职工与志愿者进行研讨、交流和论证，完成了问卷编制、访谈提纲设计等工作，林场职工与生科青年共发声，夯实基础，发挥专业优势，展示专业特色，助力乡村振兴。

3. 巧传播，发挥新媒体平台创新效能

为善用新形式开展思想引领，学院开展“生生不息，青科乡梦”大学生暑期“三下乡”社会实践系列活动，探寻红色记忆，“绿海飞扬”志愿服务队组建红色宣讲团，聆听老党员讲故事，参观抗联英雄陈翰章烈士陵园；引领志愿者铭记红色精神，助力文化传承，丰富时代内涵；开展“志愿服务树新风，暖风生科助振兴”志愿服务，跟随护林员“沉浸式”巡林、护林，清理田地杂草，培育学生劳动精神；巧用短视频打造主题思想宣传品牌，拍摄“三下乡”的故事，立足学科专业，深入调查研究，参观灵芝、木耳等种植基地，开展防病虫害专题研讨会、座谈会等调查研究工作，推动产学研相结合，号召青年学生励志成才；活用融媒体有态度、有温度、有厚度的主题策划，学院公众号开设“弦歌不辍，薪火相传——生命科学与技术学院带你走进莺歌岭文化馆”“携梦下乡，逐梦印记——暑期‘三下乡’大学生实践所情所感”等专题，通过主流媒体投稿，经学院平台广泛宣传，不断拓展大学生思想政治教育内容的传播速度、深度和广度。

（三）具体做法

1. 授牌共建共享，赋能乡村振兴

牡丹江师范学院生命科学与技术学院与英格岭经营所精诚合作，逐步打造“校地联手、自主互动、共建共享、合作发展”的社会实践教育基地品牌，举行大学生社会实践基地挂牌仪式，党建引领聚合力，夯基垒台，为乡村振兴赋能。

2. 赓续“红色根脉”，谱写青春华章

“生生不息，青科乡梦”团队在英格岭经营所举行庄严的升旗仪式，进一步激发学生爱国情怀、历史使命感和社会责任感。团队开展以“深入青年心、激发青年志、引领青年行”为主题的二十大精神理论宣讲，构建“小屏幕”带动“大教育”工作格局，让党的二十大精神更加接地气、更有“青年味”；参与“聆听老党员讲故事”座谈会，学习先辈们的光荣精神，志愿者们与老党员一起话家常、忆往昔、谈发展，汲取榜样力量；参观陈翰章烈士陵园，探寻红色印记，缅怀革命先烈，在陈翰章烈士牺牲地祭奠扫墓、鞠躬、默哀，铭记革命先烈的丰功伟绩。

3. 立足学科专业，深化调查研究

为助力乡村振兴，点亮“鲜味课堂”，学院组织“绿海飞扬”志愿服务队在英格岭林区开展科普教育，深化调查研究，进一步探索英格岭经营所的生物资源，参观灵芝、木耳种植基地，科普龙丰果、毛樱桃等植物知识，推动学院“‘小灯笼，大能量’——打造锦灯笼深加工产业领航者”项目产业成果落地，真正做到走出教室“小课堂”，走进社会“大课堂”。

4. 林场服务志愿行，暖风生科助振兴

“生生不息，青科乡梦”项目志愿者与当地林业技术员共同巡林，“沉浸式”体验务农劳作，进行林场杂草清理，培养吃苦耐劳精神；学习林业基层工作，提高实践能力。为服务当地发展，深入开展“防鼠防疫、病虫害防治”专题研讨会，发扬志愿服务精神；走进莺歌岭文化展馆，深入理解中华文明，传承文化发展，弘扬中国精神、凝聚中国力量。

（四）解决效果

1. 引领思想，筑牢思想根基

大学生暑期“三下乡”社会实践系列活动让志愿者们走出校园，深入田间地头，点亮“鲜味课堂”，培养了同学们新时代劳动精神和志愿精神，引导青年传承红色基因，赓续红色血脉，深学细悟笃行，凝聚同心向党的奋进力量。志愿者在实践过程中，为共建美丽家园，践行绿色环保理念，助力乡村振兴，美化乡村环境做出贡献。“绿海飞扬”志愿服务队深入田间地头，与当地林业技术员共同巡林，“沉浸式”体验务农劳作，进行林场杂草清理，为林场创造良好的环境，从而品劳动之精神，担时代之重任。志愿者通过开展以“寻访红色印记，传承红色基因”为主题的团日活动，接受革命传统教育和红色洗礼，提高思想觉悟，用心体会革命先烈的艰苦奋斗精神，为实现中华民族伟大复兴的中国梦注入强大精神动力；在传承红色基因中涵养进取品格，厚植爱国情怀，坚定理想信念，明确志愿服务大有可为，青春当属志愿红。

志愿者们表示本次“三下乡”社会实践活动，成为他们大学生涯中浓墨重彩的一笔。在实践过程中，志愿者们凝聚了师生情和同学情，厚植家国情怀和民族大义，同时也收获了与英格岭经营所全体职工深厚的友情。青春不散场，期待再相聚，志愿者们的“三下乡”故事未完待续，以志愿精神汇聚时代暖流，成为时代新风。

2. 成效显著，拓宽宣传主阵地

本次“三下乡”社会实践活动宣传效果显著，通过发布新闻稿记录和宣传“三下乡”实践活动的收获，有助于提高社会对于农村地区的关注度和支持度。活动受到了《东林局资讯》《黑龙江日报》《龙头新闻》《生活报教育》等多家主流媒体的报道及校团委、院学生会的转发，总阅读量 8 319 人，点赞总数 372 人次，其中单篇阅读量总数最高达 1 435 人次，受众反响热烈。

3. 凝心聚力，加强团队综合建设

“绿海飞扬”志愿服务队的团队成员均为生命科学与技术学院学生，学习成绩优异，都是各自专业领域的佼佼者，具有丰富的知识储备和实践技能。他们在社会实践中能够发挥专业优势、展示专业特色。通过此次“三下乡”活动为“绿海飞扬”的志愿者们打开了一扇新的窗口，让志愿者们能够近距离地观察和感受林场发展的现状。志愿者们齐心协力，并肩同行，用脚步丈量土地，深化调查研究，传承红色基因；开展志愿服务，深入基层体验工作，弘扬劳动精神，用汗水书写无悔青春。在开展各项活动中，志愿者各司其职、各尽其责、各展其才，相互支持配合、团结奋斗、攻坚克难，增强了团队的凝聚力，淬炼了自身的本领和能力。在乡村振兴的路上，青年应脚踏实地、千锤百炼、乘风破浪，才能在实践中不断成长，共绘祖国蓝图。

4. 硕果累累，影响效果深远

本次“三下乡”活动能够圆满收官，得益于校团委明确的方向指引、学校党委的大力支持、学院积极地搭建实践平台及带队老师和同学们的热情付出，正是多方合力，才汇聚成了这份的丰硕的成果。“生生不息，青科乡梦”活动在 2023 年黑龙江省大中专学生志愿者暑期文化科技卫生“三下乡”社会实践活动中荣获优秀品牌项目；团队成员获得 2023 年暑期“三下乡”社会实践活动优秀团队、暑期三下乡社会实践活动优秀指导教师等荣誉称号；在大学生就业引航计划牡丹江市“全国乡村振兴青年先锋”个人事迹宣讲会暨“就业大讲堂 优秀校友进校园”活动中得到黑龙江省学生联合会宣传报道。

生命科学与技术学院将继续依托大学生暑期“三下乡”社会实践活动，聚力培养具有科学精神、人文素养、科技创新和实践能力的应用型复合人才，更好地服务乡村振兴。从而产出党建引领成效显著、产业振兴势头旺盛、乡风文明淳朴清正、农村发展前景广阔的赋能成果。作为新时代高校教师，应当勇担时代重任，树新风、育新人，带领志愿者们继续在乡村振兴的大舞台上挺膺担当、奋发有为；加强对英格岭经营所等实践基地的红色文化、乡风文明的深入挖掘和传播；以昂扬的姿态追逐青春梦想，为全面建设社会主义现代化国家贡献青春力量。

(四)案例反思

1. 价值引领,提高学生积极性,注意引导方法。

通过本次社会实践,高校应更加清晰地认识到思想政治教育工作应该立足实际情况,让学生亲身实践、身临其境,潜移默化地进行思想引领。高校应加强学生的理论学习,如开展团日活动,组织学生进行理论宣讲,在深学细思笃行中汲取思想养分,升华觉悟境界,增强本领素质;参观红色文化景点,缅怀革命先烈,让学生们接受思想教育、心灵洗礼,厚植家国情怀,真切感受烈士不畏艰难、不怕牺牲的革命英雄主义气概;用实际行动珍惜现在的幸福生活,进一步增强责任感和使命感,自觉把红色基因的深厚底蕴转化为助力乡村振兴的不竭动力,继续弘扬光荣传统,继承先辈遗志。

2. 宣传工作还需全面细致。

高校要对宣传工作要做好理论指导实践,在推动工作中认真负责,在“三下乡”实践过程中,应提升团队成员讲理论、讲故事的能力;用面对面、心连心、接地气的方式打通宣传工作“最后一千米”;不断锤炼志愿者的“笔力”,要善于运用生动语言和鲜活事例,推出宣传品牌。

3. 志愿者综合能力需要进一步提升,逻辑思维和语言表达能力有待增强,需要不断锤炼过硬本领。

通过本次活动志愿者们进一步认识到,专业能力和实践活动相结合的重要性。为了更好地服务社会、人民群众的需求,志愿者必须不断提升自己的专业知识和技能,提高服务效率和质量,从而更好地与受助者沟通,为他们提供更加精准的帮助措施。

4. 及时归纳总结,明确分工,提升工作效率。

教师应深入学生群体,用心倾听、用情服务。在分工时,教师应充分考虑学生的特点和能力差异。每个学生都有自己独特的优点和擅长的领域,教师应该通过观察和了解,根据学生的兴趣、特长和性格来分配任务;这样的分工不仅能让学生发挥自己的长处,增强自信心,还能培养他们的团队合作意识和责任感。同时,教师在分工过程中也要注重公平和公正,确保每个学生都有机会展示自己的才能的机会。通过合理分工,教师可以帮助学生更好地发挥潜力,实现个人和团队的共同成长。

二、以“心”出发，画出“花之圆”——解决不同层次学生间的冲突矛盾的方法

大学生处于心智逐渐成熟的关键时期，受情感、人际关系、学业受挫、经济困难等因素的影响，容易引起心理问题，辅导员应时刻关注学生身心健康。高校不同层次学生之间存在着一定的潜在矛盾，尤其是年纪差较大的本科生和研究生。当出现矛盾时，学生容易产生“圈层化”现象，两个“圈层”的学生可能会出现以自我为中心、做事特立独行、我行我素的现象，以至于人际关系“亮红灯”。因为不知如何有效化解矛盾，从而引发一连串“蝴蝶效应”。作为新时代的高校辅导员，应努力引导学生解决实际问题，实现自我价值，助力学生成为追梦人。

（一）案例背景

本科学生 A 情绪激动地找到辅导员，反映在运动会接力赛期间，研究生 B 和 C 在微信群中公开挑衅，并发送了具有侮辱性与攻击性的言语和表情包，学生 A 因此感到自己受到了欺负。

随后，研究生 B 和 C 也找到了辅导员，他们的情绪同样非常激动，甚至接近失控。他们表示，是本科学生 A 带领同年级的学生在微信群中率先污蔑他们在运动会上不尽力，认为他们消极比赛在先。研究生 B 和 C 对本科学生 A 在微信群中发表的言论表示强烈不满，认为这是对他们人格的攻击和侮辱，严重影响了他们的情绪和学习状态。

（二）工作思路

1. 安抚学生情绪，避免事态恶化

辅导员在与学生沟通和解决学生之间产生的矛盾时，要引导学生正确地表达自己的情绪。在宣泄自己情绪的同时，也应该顾及他人的感受，避免因沟通不畅而导致情绪失控；从而引发攻击他人的行为。大学生情绪易受群体环境的影响，所以辅导员要在发生冲突类事件后的第一时间安抚双方情绪，避免学生在不理智的情况下做出一些过激的举动，从而引发不必要的麻烦，造成不良的后果。A 同学作为学生干部，如果不能控制好自己的情绪，并将这种冲动、易怒的消极情绪错误的传递给身边的其他同学，极大可能会造成群体性事件，升级成为研究生和本科生两个

群体相互对峙的局面。所以,当务之急就是要安抚双方情绪,避免事态恶化,防止事件进一步升级,将此次事件扼杀在萌芽状态。

2. 客观还原事实,及时跟进处理

学生激发矛盾冲突的背后,一般是由认识偏差所致,而产生认识偏差的导火索,往往是学生对问题理解的不合理归因,辅导员要帮助当事学生通过具象化比较分析,扭转不合理归因,从而转化认识和行动。本次矛盾的产生是三名同学对几句话的错误理解所导致的,为此辅导员需要做好 A、B、C 三名同学的引导工作,明确矛盾的本质,鼓励三名同学换位思考,以客观的态度看待问题;还要作为“调解者”,鼓励三人说出在这次事件中各自存在的问题,以诚相待;寻找三名同学都能接受的解决方案,尝试引导学生自主解决矛盾。

3. 强化协同育人,紧扣帮扶工作

A 同学与 B 和 C 同学当面达成和解,此次事件的处理并未完全结束。在学生当面沟通交流后,辅导员要及时联系相关年级的班长、学习委员、学生党支部书记等学生干部,密切关注几名同学的近期工作、生活状态及思想动态,做好提前预防,建立好沟通机制。遇到问题学生干部应第一时间联系辅导员,避免出现二次矛盾或出现舆情。若在一定的时间内三名同学之间的关系并未出现明显好转迹象,甚至出现了新的摩擦,则需辅导员再次介入了解具体情况,做好谈心、谈话,提供帮扶,从而化解矛盾。辅导员应从全局出发,善于发现问题,做好预防,并创造机会去缓和同学之间的关系。

(三)具体做法

1. 寻因——深入摸排,掌握情况

矛盾发生后,辅导员应第一时间与 A、B、C 三名涉事同学联系,并向知道实际情况的学生干部了解事情的起因、经过。首先,找到主要学生干部侧面进一步了解事件细节,从而做到全面、准确、客观地了解整个事情的来龙去脉,以便开展后续工作。然后分别与三名学生询问事情的经过,在这一过程中不能仅凭单方面的陈述,而要客观公正地分析产生问题的原因。最后,在交流沟通中要注意拉近与学生之间的距离,避免让学生产生戒备心理。B 学生在运动员微信群内发了一条“最后一棒跑的真棒”的消息,A 学生误解了这句话,以为这条消息是对跑最后一棒同学的反讽,因而在群内发了一些针对第一棒 C 学生的过激言论。由于 C 同学是研究生,年龄比本科生大一些,A 学生因此认为 C 学生未尽全力跑好第一棒,导致最终没有取得理想的成绩,进而引发了双方的冲突。

2. 开导——逐个击破,扫清障碍

由于事件发生比较紧急,双方的情绪都比较激动,涉事人员也比较多,因此辅导员在了解事情的实际情况后,应第一时间疏导同学们的情绪,做好疏导结合,避免事件进一步升级和恶化;在与研究生和本科生的交流中采用不同的沟通方法,做好思想理论教育和价值引领,帮助学生化解矛盾。由于研究生心智较为成熟、思想觉悟高、大局意识强,辅导员在与研究生交流时应注重价值引领,以朋友的角色与他们交流沟通,鼓励他们放下芥蒂,坦诚交流,从而帮助他们化解心中的消极情绪。与本科生的交流时,则应注重对其世界观、人生观、价值观的引领,在做好心理疏导的同时,还要关注本科学生的心理变化,避免产生心理问题。待学生情绪稳定后,还需要对其错误的言论和过激行为进行批评教育。

3. 明方——摆正方向,思想引领

掌握实际情况后,辅导员应注重问题解决的方式和目标,在方式上可以组织涉事的 A、B、C 三名同学及学生干部到会议室,在学生情绪稳定且理智的情况下引领双方进行沟通交流,并且对整个局势做到胸中有数,对双方在群内产生的误会进行当面解决;在目标上,通过面对面的沟通交流,消除彼此的误会和隔阂,以此实现双方的和解;在双方握手言和之后,就双方的情绪冲突情况进行适应的批评教育,告诉学生面对冲突矛盾时首先应该冷静分析问题,再做到具体问题具体分析,做好学生正确的世界观、人生观和价值观教育的引领工作。

4. 联动——以点带面,未雨绸缪

人际沟通理论表明,人和人之间需要进行有效的沟通,才能构建良好的人际关系。学生之间如果遇到小摩擦而彼此不沟通,情绪化地处理问题,只会导致误会日益加深。久而久之,这种情况容易演变成打架事件、冷暴力,甚至在内部形成小团体。针对此次事件,辅导员应借此做好师生联动工作,营造团结、向上、向善的和谐氛围;通过开展趣味活动,帮助双方充分认识到团结的重要性,在学院内为学生营造良好的生活和学习氛围;还可以邀请心理健康教育中心的老师,为全体学生做心理疏导和进行心理健康方面的“破冰”活动,为学生提供深入了解彼此和交流的机会,营造融洽的氛围。

(四)解决效果

通过谈话交流,双方情绪逐渐趋于稳定,能够理性地看待此次矛盾事件。在沟

通交流和劝解后,双方握手言和。通过本次事件也取得了一些成效:

1. 强化了思想理论教育和价值引领

通过本次事件的分析和解决,帮助三位同学牢固树立正确的世界观、人生观、价值观,并在正确的价值观的念指引下化解矛盾。对于A学生而言,他充分认识到了团队至上的理念,并明确指出通过本次事件深刻地认识到自身存在的问题。作为一名学生干部没有起到模范榜样的作用,错误的举动对同学们产生了不良影响。他强调自己会在今后的学习和工作中以身作则,加强理论学习,树立正确的三观,严格要求自己。对于B和C同学而言,他们认识到作为研究生,自身的心智还不够成熟,缺乏大局意识,没有给本科的学弟学妹们树立好榜样,并指出在今后的学习中会注重理论知识的学习,不断弥补自己的不足,树立大局意识,共同营造良好的学院氛围。

2. 促进了学院党团和班级建设

在征得A、B、C三名同学的同意后,以本次事件为反面典型,在学院各班级和学生党支部内以座谈会、主题班会等形式开展警示教育,从而引起学生重视,让学院全体学生充分认识到团结的重要性。此次事件三名同学的言行举止严重破坏了学院的氛围及形象,给其他同学造成了一定的影响,他们充分认识到自身的错误行为;学院的其他学生也从三名同学的身上吸取到了教训。在今后本科生和研究生共同开展的活动中应围绕“团结一致、劲往一处使”的理念,共同组织好、开展好相关活动;各年级学生也应从中吸取教训和总结经验,以此为戒,端正言行,团结班级力量,进一步加强班风建设,提升班级的凝聚力。

(五)案例反思

1. 加强学生沟通与解决冲突的能力

高校在日常教育中,应加强对学生沟通与解决冲突能力的培养。通过经验交流会等形式,帮助学生学会理性表达、倾听他人、尊重差异,并掌握有效的冲突解决技巧。这有助于减少类似事件的发生,从而促进学生之间的和谐相处。

2. 重视学生的后续教育与价值观引导

事件处理完毕后,辅导员应重视对学生的后续教育与引导。通过组织座谈会、心理辅导等形式,帮助学生认识到自己的错误和不足,引导他们树立正确的三观;同时,了解不同层次学生的人才培养方案,加强对学生的日常管理和教育引导,营造积极向上的氛围。辅导员还可以针对此次事件,组织主题班会,让学生们共同讨论如何避免类似冲突的发生。通过班会活动,让学生们深刻认识到相互尊重、理解和包容的重要性,真正将“三全育人”贯穿到整个思想政治教育当中,全面落实立德树人的根本任务。

3. 提高辅导员的危机处理能力和自身心理素质

辅导员无法将精力完全分配给每个人,也不可能把所有精力集中在一个人身上。因此,在加强学生素质教育的同时,也应当提高自身的心理素质承受能力。在遇到紧急事件时,如果自己先乱了阵脚,非但无法给学生提供足够的安全感,还可能导致学生产生恐慌。所以面对问题时,辅导员首先要临危不乱,起到“第一支镇静剂”的作用,给学生带来心理安慰的同时,为接下来工作的顺利开展打下基础。

第四章　青春记载　所获荣誉

一、“生生不息，青科乡梦”大学生暑期“三下乡”社会实践活动一

（一）前言

为深入开展学习贯彻习近平新时代中国特色社会主义思想主题教育，学习关于“三农”工作的重要论述，贯彻落实习近平总书记给中国农业大学科技小院同学们的回信精神，全面学习贯彻党的二十大精神，引导大学生利用所学专业知识开展社会实践。生命科学与技术学院推出“生生不息，青科乡梦”专项暑期“三下乡”社会实践活动，聚焦“生科学子，笃行不怠，助力乡村振兴”主题，组织师生深入田间地头，体验乡村振兴的最新成果，深入调研，推动工作落实落细，为乡村振兴和强国建设贡献力量。

（二）精准对接工作

7 月 4 日，生命科学与技术学院党委书记张宁、党委副书记李忠新、团总支书记孙鸿达与辅导员李苗苗、卢杉、张雅琪走进英格岭经营所深入走访调研，与英格岭经营所所长王甡、党支部书记陈勇强、工会主席司春殿、副所长陈永祥进行对接工作。

在交流座谈会中，双方领导针对“三下乡”实践活动交流意见并达成意见共识，共同搭建合作共享的平台。针对大学生社会实践目的的意义及创新创业项目的内容、活动方案、安全等问题进行了商讨，双方对整体活动方案达成共识，精诚前行，推进共建共享，携手前行，架起进一步推进合作的桥梁，全力推进大学生暑期“三下乡”活动的顺利开展。

(三)启动出征仪式

7月6日8时30分,在牡丹江师范学院的春秋讲坛举办2023年大学生志愿者暑期“三下乡”社会实践活动启动仪式。生命科学与技术学院党委书记张宁、党委副书记李忠新、带队教师张雅琪、辅导员李苗苗及“绿海飞扬”志愿服务队的全体志愿者们共同参加本次仪式。

副校长、党委常委张晓祥为暑期“三下乡”社会实践活动的志愿者服务队授旗,志愿者们接过鲜红的旗帜,带着学校的期望与寄托,将传承与践行志愿精神筚路求经,全心全意地投入本次社会实践活动中。学院制药工程专业的同学胡博航带领全校志愿者进行宣誓,激昂洪亮的宣誓声,展现了志愿者们施展才华和书写青春的决心。志愿者们将践行志愿服务精神,在社会实践的大课堂中受教育、长才干,努力在实践中了解国情、社情、民情;磨砺意志、锤炼品德,真正志存高远、脚踏实地、知行合一、学以致用;深入田间地头,体验乡村振兴最新成果;深入调研,为乡村振兴和强国建设贡献力量。

(四)心系生科学子

7月6日9时30分,在牡丹江师范学院前往英格岭经营所的路上,生命科学与技术学院党委书记张宁和党委副书记李忠新再次叮嘱志愿者的安全问题,强调一定要把安全放在首位,志愿者们应听从带队老师的指挥和安排。

(五)授牌合作共赢

7月6日11时30分,“绿海飞扬”志愿服务队到达英格岭经营所开展授牌仪式,生命科学与技术学院党委书记张宁、党委副书记李忠新,辅导员张雅琪,英格岭经营所所长王甡、党支部书记陈勇强、工会主席司春殿、副所长陈永祥,生命科学与技术学院的志愿者和经营所的职工们共同参加本次授牌仪式。

此次授牌仪式由“生生不息,青科乡梦”的志愿者周子琦担任主持人。

首先,生命科学与技术学院党委书记张宁致辞,强调大学生暑期“三下乡”社会实践是大学生接触社会、服务社会、了解社会的重要学习过程,也是大学生磨炼品格、增长才干、实现全面发展的重要舞台。

其次,英格岭经营所所长王甡致辞。王所长对我院师生的到来表示热烈欢迎,并介绍了英格岭的历史发展和自然环境,希望和学院精诚合作,互相学习借鉴,真正实现在共享中共建。

随后,“绿海飞扬”志愿服务队的学生代表王孟鑫发言。她代表全体志愿者表达了参加本次社会实践的决心和信心。志在心中、愿在行动,志愿者们将尽绵薄之力,不留遗憾,以星火之名燃青春之光。

最后,生命科学与技术学院党委书记张宁、党委副书记李忠新为英格岭经营所授牌,党委书记张宁和英格岭经营所所长王甡共同揭牌,推进大学生社会实践活动基地正式挂牌。

生命科学与技术学院广大青年学子将始终牢记党的百年梦想与荣光,高扬理想之帆、坚定爱党之情、树牢报国之志,把对祖国血浓于水、与人民同呼吸共命运的情感贯穿学习实践全过程,把课堂学习和乡村实践紧密结合,用青春的智慧和汗水,在实践中体悟社会、扎根基层、经受锻炼、收获成长,努力创造出无愧于时代、无愧于人民、无愧于历史的青春业绩。

二、“生生不息,青科乡梦”大学生暑期“三下乡”社会实践活动二

(一)前言

为全面准确学习领会党的二十大精神,加强理论研究,扎实抓好主题教育,为奋进新征程凝心聚力,深刻认识关于“三农”工作的重要论述,贯彻落实习近平总书记给中国农业大学科技小院同学们的回信精神,生命科学与技术学院推出“生生不息,青科乡梦”专项暑期“三下乡”社会实践活动,以劳动助农的方式开启活动,用劳动和汗水为乡村振兴贡献青春力量。

(二)学思践悟二十大,奋楫扬帆启新程

党的二十大报告指出:“全党要把青年工作作为战略性工作来抓,用党的科学理论武装青年,用党的初心使命感召青年,做青年朋友的知心人、青年工作的热心人、青年群众的引路人。”

我院“生科闪耀,理论照耀”红色宣讲团以学习宣传贯彻党的二十大精神为主线,以“深入青年心、激发青年志、引领青年行”为主题。于7月7日8时30分,在英格岭经营所党员活动室组织开展二十大精神理论宣讲,英格岭经营所工会主席

司春殿、副所长陈永祥、老党员周振东、“绿海飞扬”志愿服务队志愿者共同参加此次活动。21级生物技术同学李逊宣讲，对党的二十大报告进行系统的阐释、分析和讲解，号召青年要勤于思考、勇于实践、敢于创新，传递青春正能量，真正构建“小屏幕”带动“大教育”工作格局，打造“指尖式宣讲”“沉浸式宣讲”。

青年当立鸿鹄志，潮头登高再击浆，通过本次暑期“三下乡”社会实践活动开展理论宣讲引发学生强烈的情感共鸣，让党的二十大精神更加接地气、更有了“青年味”。引领广大青年志愿者学思践悟、砥砺奋斗，绽放青春绚丽之花，引导青年学生心怀“国之大者”，争做堪当民族复兴大任的时代新人。

（三）聆听老党员故事，汲取新榜样力量

丹心一片，风华百年。2023年7月7日10时30分，生命科学与技术学院特开展“听老党员讲那过去的故事”活动，与英格岭经营所的老党员周振东同志面对面交流，聆听讲述激情岁月。“绿海飞扬”志愿服务队的志愿者们听老党员讲述过去的红色记忆，探寻先辈们的光荣精神。老党员周振东同志，1954年加入中国共产党。坚定信念、踏实认真、锲而不舍、追求卓越的态度，深刻地让大家感受到了他对于党、对于祖国的深切情感及对于自身使命的伟大责任感。在活动中，“绿海飞扬”志愿服务队的志愿者们与老党员一起话家常、忆往昔、谈发展，并关切询问老党员的身体、生活及家庭情况，叮嘱他保重身体。

我们深刻感受到了老党员的精神风貌，他坚守着党员的初心和使命，用行动在践行全心全意为人民服务这一宗旨。我们年轻一代更应当学习老党员的担当实干、坚韧不拔精神，继续传承和发扬老党员顽强拼搏、艰苦奋斗的精神，汲取榜样力量，一代接着一代干。

“绿海飞扬”志愿服务队指导教师张雅琪表示：老党员是我们身边有形的正能量、学习的好榜样，“绿海飞扬”志愿服务队全员也将继承老一辈传承下来的优良传统，发扬艰苦奋斗的作风，不忘初心使命，以高度的责任心和使命感行稳致远。从老党员的奋斗故事中汲取智慧和力量，未来也将立足工作岗位，不忘青春使命，努力做新时代的奋斗者。

“纸上得来终觉浅，绝知此事要躬行。”实干实践是青年人的“必修课题”，作为青年大学生，要坚定信仰，永葆初心，在本次大学生暑期“三下乡”社会实践活动中扎根基层、施展才华，书写青春。

三、“生生不息，青科乡梦”大学生暑期“三下乡”社会实践活动三

为深入开展学习贯彻习近平新时代中国特色社会主义思想主题教育，坚持调查与研究并重，既学好理论，又结合学院专业工作深入实践调查，做到“理论有高度”“实践有深度”，理论与实践有机结合。生命科学与技术学院“绿海飞扬”志愿服务队深入英格岭经营所开展调研，把专业与服务地方工作紧密结合起来，以“学”导服务地方之行，以“融”赋地方发展之能，充分彰显了高校服务地方的担当，为乡村振兴贡献“师院力量”和“生科智慧”。

（一）点燃科普圣火，传递科研精神

为助力乡村振兴，点亮“鲜味课堂”，实现在共享中共建，进一步探索英格岭经营所的生物资源，提升实践能力和创新水平。于7月8日9时，英格岭经营所工会主席司春殿、副所长陈永祥，带领“绿海飞扬”志愿服务队走进英格岭林区开展科普教育。

英格岭经营所以种植大豆、玉米、水稻为主，并有灵芝、三七、山木耳、蘑菇等野生植物。为了促进“产学研”融合，加强专业知识与实践行动相结合，“绿海飞扬”志愿服务队志愿者从识植物、辨植物等方面进行实地学习研究。

在林区灵芝培养基地走访调研中，工会主席司春殿讲述了灵芝的灌溉方法、生长环境、功效等，志愿者们学习到灵芝是灵芝科，灵芝属真菌。灵芝的别名为三秀、灵芝草、木灵芝、菌灵芝。灵芝的功用，如灵芝在治疗心神不宁、失眠、惊悸、咳喘痰多、虚劳症等具有重要疗效。

志愿者们深入农户人家，对木耳的生产种植、经营模式等进行深入了解。明确了木耳为真菌类木耳科植物和木耳的功能疗效，用于气虚血亏、四肢搐搦、肺虚久咳、吐血、高血压病、跌打损伤等，增长了志愿者的知识储备。

（二）生命 · 植物 · 科普

大豆，是豆科大豆属的一年生草本植物，高 30-90 厘米，为滚圆形，大豆茎粗壮，直立，密被褐色长硬毛。

核桃楸，为胡桃科植物，别名山核桃、胡桃楸。

龙丰果，俗称大秋果，又名紫秋果，红大苹果，果实扁圆形，有5个不明显的棱，形状整齐。

毛樱桃，是蔷薇科李属植物，乔木，树皮呈灰褐色或灰黑色，小枝呈灰白色或淡褐色。

暑期“三下乡”社会实践活动走出校园，“绿海飞扬”志愿服务团队通过对植物科普，增强志愿者的科学素养，提高环保意识，推动科技创新。志愿者们纷纷表示在今后的学习生活中会更加努力拼搏，扎深专业知识，增长才干。

（三）林场服务志愿行，暖风生科助振兴

为共建美丽家园，践行绿色环保理念，助力乡村振兴，美化乡村环境。在7月8日15时30分，“绿海飞扬”志愿服务队深入田间地头，与当地林业技术员共同巡林，“沉浸式”体验务农劳作，进行林场杂草清理，为林场创造良好的环境。

“绿海飞扬”志愿服务队通过实践，提高他们的劳动技能，培养热爱劳动的思想、吃苦耐劳的精神，养成良好的劳动习惯。

在“生生不息，青科乡梦”专项暑期“三下乡”社会实践活动征程中，深化了实践育人成效，有效助力大学生成长成才，加强对英格岭经营所的红色文化、乡风文明的传播。乡村振兴是一场漫长的跋涉，更是对我院学生三下乡的激励，相信会有越来越多的志愿者队伍用足迹丈量祖国的每一寸山河，厚植家国情怀，在基层实践中成长为有理想、敢担当、能吃苦、肯奋斗的新时代好青年，不负时代，不负华年。

四、“生生不息，青科乡梦”大学生暑期“三下乡”社会实践活动四

为深学笃用习近平新时代中国特色社会主义思想，笃信笃行、真抓实干，贯彻党的二十大精神，推动主题教育取得实实在在的成效。生命科学与技术学院大学生暑期“三下乡”“绿海飞扬”志愿服务队，开展以“寻访红色印记，传承红色基因”主题团日活动，接受革命传统教育和红色洗礼，提高思想觉悟，用心体会革命前辈的艰苦奋斗，为实现中华民族伟大复兴的中国梦注入强大精神动力。

(一)弘扬抗联精神,缅怀革命先烈

7月9日7时10分,生命科学与技术学院"绿海飞扬"志愿服务队来到红色地标,陈翰章烈士牺牲地与烈士陵园,走进革命旧址、瞻仰红色文物、聆听英雄故事,学习党的历史、感受革命文化。

7时40分,同学们在陈翰章烈士牺牲地祭奠扫墓、鞠躬、默哀,向陈翰章烈士表达自己的敬意,铭记革命先烈的丰功伟绩。

8时10分,红色宣讲团成员谢承程讲解了陈翰章烈士的生平事迹。陈翰章将军于1933年加入中国共产党,是东北抗日联军后期领导人之一。1940年12月8日13时20分左右,与伪满警察队展开激战,陈翰章部队5人壮烈牺牲,5人被俘获。同时,军总指挥陈翰章也壮烈牺牲。

为进一步学习烈士的革命精神,于9时30分,志愿者走进陈翰章烈士的陵园。志愿者沿着一条乡间小径前行,在两片郁郁葱葱的树林之间,看到陈翰章烈士雕像,基石上镌刻着他的名字和生卒时间。右侧是镜泊乡广大人民群众捐款购买的以英雄名字命名的翰章号,是米格-15战斗机的飞机模型。翰章园的27级台阶代表了陈翰章烈士在世27年的光辉岁月:唤起民众、抗日救国,投笔从戎、红心向党,英勇奋战、强攻宁安,宁死不屈、气壮山河,名垂千古、浩气常存。

"出师未捷身先死,长使英雄泪满襟",陈翰章用满腔热血奏响了一曲悲壮凯歌,用短暂生命书写了战斗的一生。白山黑水间,留下英雄的足迹,陈翰章以死报国的事迹,成为中华民族顽强不屈的精神象征,是中华儿女永远的骄傲。在新时代,弘扬历久弥新的抗联精神,用脚步丈量精神高地,在体验崇高中接受心灵洗礼,继承革命先辈的光荣传统,求真务实,开拓进取,向英雄致敬!

(二)踏寻先辈足迹,弘扬革命精神

为深切缅怀先烈,弘扬红色文化,坚定革命理想信念,学习革命先烈的崇高精神,扎实落实"寻访革命旧址,保护革命文物,传承革命精神",于7月9日14时,英格岭经营所工会主席司春殿、副指挥孙道国带领"绿海飞扬"志愿者服务队参观莺歌岭战斗遗址,学习莺歌岭的历史文化。

主题团日活动中,志愿者们接受思想教育、心灵洗礼,真切感受不畏艰难、不怕牺牲的革命英雄主义气概,以实际行动珍惜现在的幸福生活,进一步增强责任感和使命感,自觉把红色基因融化为助力乡村振兴的不竭动力,继续弘扬光荣传统,继

承先辈遗志。

传承红色基因,赓续红色血脉。本次暑期"三下乡"主题团日开展重温革命的烽火岁月,近距离接受党性教育活动。志愿服务团队在革命旧址深深感受到先辈们在当年战火纷飞的峥嵘岁月,以及那面对敌人不屈的民族精神和高尚的爱国情操,在思想上和心灵上受到红色精神的洗礼。凭萤火之光,点亮片片星芒。在以后的学习、生活中,"绿海飞扬"志愿服务队全体成员立志积极发挥新青年的社会责任感和使命担当,以专业为锚点,服务基层,服务人民,不断续写人生新的华章。

五、"生生不息,青科乡梦"大学生暑期"三下乡"社会实践活动五

为学习贯彻习近平新时代中国特色社会主义思想主题教育,深入学习贯彻党的二十大精神,用志愿服务激活乡村振兴,奋楫笃行开创新局面,生命科学与技术学院"绿海飞扬"志愿服务队牢记初心使命,扎深基层,以自由之精神、活泼之生命、专业之知识去投入社会实践当中,进入到乡村田野里去,用手中之笔,脚下之步,助力乡村振兴。

(一)飘扬五星红旗,志染九州大地

英格岭经营所全体职工与"绿海飞扬"志愿服务队志愿者庄严地立于旗台前,举行升旗仪式。

7 月 10 日 7 时,工会主席司春殿宣布升旗仪式正式开始,伴随着庄严的《义勇军进行曲》,擎旗手振起右臂,鲜艳的五星红旗冉冉升起,迎风飘扬。在高亢激昂、嘹亮庄严的国歌声中,在场的全体人员面向国旗行注目礼,庄严肃穆、心潮澎湃,心怀对祖国的崇敬与热爱。

庄严的升旗仪式,进一步激发了志愿者的爱国情怀、历史使命感和社会责任感。作为新时代社会主义青年,应时刻把爱国情怀放于心间、将个人发展与国家命运相结合,永怀赤心、砥砺前进。青年兴则国家兴,青年强则国家强。"绿海飞扬"志愿服务队志愿者将继续学习和继承党的光荣传统及优良作风,高举爱国主义旗帜,锐意进取、自强不息,真正把爱国之志变成报国之行,用实际行动来助力乡村振兴。

(二)追寻文化印迹,观莺歌岭传奇

7 月 10 日 14 时,“绿海飞扬”志愿服务队组织观看影片《莺歌岭传奇》,让学生了解肃慎部落的发源历史、牡丹江流域的文化沃土。

《莺歌岭传奇》通过讲述莺歌岭肃慎部落中几个年轻人的故事,揭开了镜泊湖畔肃慎古国的神秘面纱,在关于梦想和追求的主题框架下,着重渲染了人性的真善美,阐释了中国北方民族满族先世肃慎人与中原王朝的关系。三千多年前,满族的先祖就曾生活在这里。《莺歌岭传奇》的上映填补了世界范围内满语影视作品的空白。

满族,是中国少数民族之一,通古斯民族中最大的支系。满语曾经是满族人所使用的语言,这种在东北亚地区产生并发展起来的语言,拥有悠久的历史。据数据统计,目前能够熟练掌握满语听说读写四门基本功的人,在中国已不超过百人。

本次活动不仅使“绿海飞扬”志愿服务队志愿者们感受到了莺歌岭的人文情怀,而且见到了最真实的中国少数民族文化艺术。中华文化源远流长,志愿者以文化成就未来,秉承祖先智慧,传播华夏文明。

在暑期“三下乡”社会实践活动征程中,“绿海飞扬”志愿服务队在乡村振兴的大舞台上一展宏图,擦亮青春底色、在拼搏中攻坚克难。生逢盛世,肩负重任;征途漫漫,唯有奋斗。面向未来,新时代的青年要在乡村振兴的大舞台上挺膺担当、奋发有为,以昂扬的姿态追逐青春梦想,为加快推进农业农村现代化、全面建设社会主义现代化国家贡献青春力量。

六、“生生不息,青科乡梦”大学生暑期“三下乡”社会实践活动六

为学习宣传党的二十大精神,以党建引领基层治理,注重调研,促进主题教育走深走实,学深悟透精神,凝心聚力前行,聚焦“党建+乡村振兴”,夯实发展根基。生命科学与技术学院“绿海飞扬”志愿服务队笃行致远担使命,高扬思想旗帜,汇聚奋斗力量,深入开展乡村调研、联谊会系列活动。

(一)基层连线,共携曙光

7月11日7时30分,“绿海飞扬”志愿者服务队的志愿者们向英格岭经营所领导学习基层工作经验。志愿者们收获颇丰,学习处理办公技巧,深刻体会基层工作,提高实践能力,从而汇聚人才智力,助推乡村振兴。

(二)展联谊风采,助乡村华章

为丰富英格岭经营所全体员工的娱乐生活,引导志愿者深入基层,发挥志愿服务精神,以趣味运动为纽带,打造丰富多彩的文体活动,营造良好的文化氛围,建设美丽乡村。于7月11日14时,“绿海飞扬”志愿服务队志愿者与英格岭经营所全体员工合力举办以“健康、快乐、共赢”为主题的联谊会,本次联谊会由“绿海飞扬”志愿服务队志愿者谢承程主持。

在活动中,志愿者设计多种具有互动性的比赛,包括“棋”乐无穷、鱼雷飞弹、你演我猜、爱“乒”才会赢、“跳”出未来等游戏。在比赛中,双方团队严防死守、战况焦灼、排兵布阵、深思熟虑,大家都踊跃参与,全身心投入,协作默契十足,现场气氛活跃。进一步提高了志愿者与职工的实践能力和综合素质,增强责任感和使命感,积极投身志愿服务,为英格岭文化事业和乡村振兴贡献青春力量。

在暑期“三下乡”社会实践活动征程中,推进志愿者下基层,力争实现服务“零距离”。锚定特色专业,增强专业水平,提高实践能力,为农业农村发展输送学科专业知识,提供智力支撑,努力谱写乡村振兴的华彩乐章。用青春的智慧和汗水打拼出一个更加美好的乡村。

七、“生生不息,青科乡梦”大学生暑期“三下乡”社会实践活动七

“生生不息,青科乡梦”,生命科学与技术学院暑期“三下乡”社会实践活动圆满结束。一次难忘的经历,体会过其中艰辛,感受过其中快乐,则明白其中纯粹。那些从时光迸发出来的感悟,是无数实际经历的提炼和升华,以下是部分志愿者们的心得体会。

时间如白驹过隙般流逝，眨眼间本次暑期“三下乡”之旅已经到了分别的时候，在这段过程中，我的心情一开始很忐忑，但逐渐感受到了温暖和美好。本次“三下乡”之旅，生命科学与技术学院大学生社会实践基地在英格岭经营所授牌，针对“小灯笼，大能量”创新创业项目开展交流研讨，力争实现合作共赢。人生漫漫且慢慢，一些精彩的经历会为它增加华丽的篇章。我对本次实践活动感悟很深，收获良多。

——志愿者王嘉昊

光阴荏苒，随着参加暑期“三下乡”的活动步入尾声，我很荣幸可以参加此次志愿活动。在英格岭经营所，我感受到了地方的风土人情和叔叔阿姨的关心爱护，学习到了很多知识，见到了更多的生物与风景。同时，我对林场发展现状有了更深入的了解，亲眼见到了木耳、灵芝等作物，深刻地明白要坚持学习书本知识与投身社会实践的统一，走理论与实践相结合的道路。人生因经历而美丽，我们应多历练多实践，丰富人生经验，施展青春才华。作为青年一代的我们要肯吃苦、有志向、艰苦奋斗、励精图治，肩负起新时代的使命，为乡村建设做出贡献。

——志愿者王孟鑫

在英格岭经营所的这些日子，领导们和叔叔阿姨们对我们关怀备至，嘘寒问暖。同时认识了许多植物，课本上的知识在现实中更生动的展现，拓展了视野，让我学习到了新知识。参观莺歌岭文化展馆时，能感受到历史文化深厚的底蕴。当我参观陈翰章烈士陵园时，意识到新时代青年人应赓续红色基因，提升党性修养，坚定理想信念。时间过得太快了，我们都依依不舍，希望英格岭经营所建设得越来越美好！

——志愿者周子琦

这次“三下乡”调研见识到了英格岭经营所的基层干部如何一心为民服务，如何建设美丽乡村，让乡村振兴落到实处。倾听老党员讲的故事，让我们很有感触，体会到老一辈共产党员的坚定信念和使命感。他们是我的榜样，我也会发扬榜样的力量，坚定不移听党话、跟党走，怀抱梦想又脚踏实地，敢想敢为又善作善成，立志做有理想、敢担当、能吃苦、肯奋斗的新时代好青年。

——志愿者胡博航

七月，正值盛夏之际，绿叶葱茏，蝉声阵阵。我很荣幸参加了今年暑期“三下乡”社会实践活动。活动过程中，收获了很多有用的知识并且积累了一些宝贵的经验，从而丰富了自己的大学生活。“绿海飞扬”志愿服务队是一支优秀的团队，作为它的一分子，我感到自豪和骄傲。在此次实践活动中，我们克服困难、迎难而上、学有所得。我一定会用自己有限的青春，铸就不一样的人生。

——志愿者李逊

在“三下乡”活动中，我有机会深入林区，了解林业职工的生产生活的状况，提高了沟通交流能力。同时，参与志愿服务，践行绿色环保理念，进行林场垃圾分类，与护林员巡林，为林场创造良好的环境。让我认识到，教育不仅仅是在课堂上传授知识，更是要将所学知识运用到实践中去。“三下乡”活动是一次非常宝贵的社会实践经历。它让我锻炼了自己的能力，提升了自己的素质，增强了社会责任感。在今后的学习和生活中，我会继续关注社会问题，体验基层生活，扎根基层，为社会发展贡献自己的力量！

——志愿者瞿伟琪

作为“绿海飞扬”志愿者服务队的一员，也作为生科院红色宣讲团的成员，来到英格岭，切实感受莺歌岭文化，为大家讲解陈翰章烈士生平事迹和主持我们与英格岭经营所的联谊会，是我大一生涯中最浓墨重彩的一笔。这次“三下乡”的经历，让我看到了美丽的乡村，人民安居乐业、家庭和睦、其乐融融，林场职工们通过自己的努力获得了他们的幸福，让我有了许多感悟。我也收获了丰厚的知识，与我的专业技能相结合，一定会让我在以后的学习道路上越走越远，也相信英格岭经营所会在党和领导们的带领下建设得越来越好！衷心祝愿英格岭经营所的叔叔阿姨们平安喜乐、事事顺意！

——志愿者谢承程

此次“三下乡”社会实践活动不仅是对我的挑战，也是机会，提高了我的综合素质与职业技能。通过参观灵芝和木耳的种植基地，更加意识到专业知识要与实践相结合，让书本上的知识活起来。同时也了解了英格岭经营所的植物资源，更加丰富了我们的专业知识，也增进了与英格岭经营所叔叔阿姨之间的感情，深入基层，我们能够更全面地看待和理解社会的多面性和发展状况。祝英格岭经营所的叔叔阿姨身体健康，诸事顺利。

——志愿者王世明

“三下乡”社会实践是引导大学生走出校门、步入社会、并投身社会的宝贵机会。“绿海飞扬”志愿服务队在乡村振兴上全情投入，奋斗不止。学生在英格岭经营所获得的收获和成就，会让他们共同肩负起时代赋予的历史使命，以更加饱满的精神状态和更加扎实的行动力，谱写出属于青年的人生篇章。

八、携梦下乡，逐梦印记——暑期“三下乡”大学生实践所情所感

“绿海飞扬”志愿服务队“生生不息，青科乡梦”乡村振兴促进团行程规划：

（一）逐梦旅行第一站——准备

7 月 4 日，学院各位领导老师到达英格岭经营所，和当地领导进行深入走访调研。为学生下一步的社会实践打下坚实基础，做好充足准备。

（二）逐梦旅行第二站——出发

7 月 6 日在出发前，学生参加了在春秋讲坛举办的牡丹江师范学院 2023 年大学生志愿者暑期“三下乡”社会实践活动启动仪式。在仪式上，领导们对学生进行了谆谆教诲。同时，学院制药工程专业胡博航同学宣誓，展现了志愿者们出征的决心与学院学子的青春风采。

（三）逐梦旅行第三站——到达

中午 11:30，学生到达目的地——英格岭经营所。并且举行了隆重的授牌仪式，志愿者团队所有人都积极参与进来，每个人心情都无比的骄傲与自豪，感受到了英格岭经营所的乡土人情，地方文化，人文特色。

（四）逐梦旅行第四站——授牌

志愿者代表王孟鑫也说出了学生们的心声：“志在心中，愿在行动。我们要尽绵薄之力，不留遗憾，以星火之名燃青春之光！”

（五）逐梦旅行第五站——深夜感悟

学生们还去了莺歌岭文化馆，感受到了文化的源远流长，也感谢领导与老师们为学生搭建社会实践的平台，通过这次机会，学生能够参与到更高质量的社会实践中来，提高自己的综合素质与专业技能，更加意识到要多关注社会和基层的发展情况，为乡村振兴带去青春力量，也为自己的职业道路树立道德和社会责任感的标杆，实现筑梦圆梦的“青科乡梦”。

九、“生生不息，青科乡梦”大学生暑期“三下乡”社会实践活动完美收官

为深入学习贯彻新时代中国特色社会主义思想主题教育，深刻领悟党的二十大的精神，推进工作落实。生命科学与技术学院“生生不息，青科乡梦”专项暑期“三下乡”社会实践活动于7月13日完美收官。“绿海飞扬”志愿服务队奋楫笃行，扎根基层，燃起青春力量、展示青春风采，助力乡村振兴。

（一）授牌共建共享，赋能乡村振兴

生命科学与技术学院与英格岭经营所精诚合作，举行社会实践基地挂牌仪式。党建引领聚合力，夯基垒台，为乡村振兴赋能。充分发挥各自优势，形成同频共振、协作共赢的良好局面，逐步打造“校地联手、自主互动、共建共享、合作发展”的社会实践教育基地品牌。同时也为青年志愿服务搭建全新的实践平台，真正实现在共享中共建。

（二）赓续“红色根脉”谱写青春华章

“绿海飞扬”志愿服务队组建“生科闪耀，理论照耀”红色宣讲团，深入英格岭经营所开展理论宣讲活动。志愿者聆听老党员讲故事，一起话传统、谈复兴、聚力量。参观抗联英雄陈翰章烈士陵园，传承红色基因，赓续红色血脉，引导志愿者深学细悟笃行，凝聚同心向党的奋进力量。

（三）立足学科专业，深化调查研究

带领“绿海飞扬”志愿服务队走进英格岭林区展开科普教育，参观灵芝、木耳种植基地。推动志愿者们从理论层面过渡到实践相结合，把“产学研”一体化落到实处，推动大学生创新创业项目——“小灯笼，大能量”调查研究，达成战略合作，为乡村振兴注入科技力量。

（四）志愿服务树新风，暖风生科助振兴

“绿海飞扬”志愿服务队的志愿者们向英格岭经营所职工学习办公技巧，深刻体验基层工作，提高实践能力。志愿者深入田间地头，与当地林业技术员巡林，“沉浸式”体验务农劳作，进行林场杂草清理，汇聚人才智力，助推乡村振兴。

（五）青春不散场，期待再相聚

“绿海飞扬”志愿服务队志愿者表示“三下乡”是大学生涯浓墨重彩的一笔，表达了对英格岭经营所全体职工的感激和不舍。

“艰辛知人生，实践长才干。”在 7 日的暑期“三下乡”社会实践活动中，“绿海飞扬”志愿服务队聆听基层心声，投身于乡村振兴。接受思想教育，自觉把红色基因转化为助力乡村振兴的不竭动力，继承先辈遗志。青年一代更应当学习老党员的担当实干、坚韧不拔精神，继续传承和发扬老党员顽强拼搏、艰苦奋斗的精神，汲取榜样力量，一代接着一代干。当代中国青年生逢其时，施展才干的舞台无比广阔，实现梦想的前景无比光明，让青春在助力乡村振兴中火热实践中绽放绚丽之花。

十、生命科学与技术学院“党建+产业赋能”为乡村振兴出谋划策

调查研究是谋事之基，成事之道。为学习贯彻党的二十大精神，深入开展调查研究工作，推进主题教育走深走实。生命科学与技术学院联合英格岭经营所开展“乡村振兴 · 党建赋能”主题调研活动。深入实施校地融合，以助力乡村振兴为目标，实现双向赋能。

生命科学与技术学院“绿海飞扬”志愿服务队深入英格岭经营所进行走访调研，推动创新创业项目落地，建立大学生社会实践基地，突出学科专业特色，聚焦教育教学和专业发展，实现“沉浸式”体验，为乡村振兴改革实践贡献生物专业智慧和力量，打造“党建+乡村赋能”育人新样态。

双方就特色党建品牌创建和培育、校地结对模式运作和新时代文明实践志愿服务等问题深入交流，并围绕党建“联学”、品牌“联创”、资源“联享”、服务“联动”的共建目标进行研讨。

生命科学与技术学院依托此次大学生暑期“三下乡”社会实践活动，聚力培养具有科学精神、人文素养、科技创新和实践能力的应用型复合人才，更好地服务乡村振兴。从而产出党建引领成效显著、产业振兴势头旺盛、乡风文明淳朴清正、农村发展前景广阔的赋能成果。

十一、喜报！学院“生生不息，青科乡梦”项目在2023年黑龙江省大中专学生志愿者暑期文化科技卫生“三下乡”社会实践活动中荣获优秀品牌项目

生命科学与技术学院“生生不息，青科乡梦”项目于2023年黑龙江省大中专学生志愿者暑期文化科技卫生“三下乡”社会实践活动中被评选为“优秀品牌项目”，并将成为接下来工作的风向标。

2023年暑期，学校开展了以“学习二十大，永远跟党走，奋进新征程”为主题的暑期“三下乡”社会实践活动，为文化科技卫生“三下乡”工作奉献青春力量，积极推动学校社会实践特色化发展。生命科学与技术学院积极响应学校号召，组建“生生不息，青科乡梦”乡村振兴促进团，与英格岭经营所精诚合作，充分发挥各自优势，形成同频共振、协作共赢的良好关系，逐步打造“校地联手、自主互动、共建共享、合作发展”的社会实践教育基地品牌。

学校通过“生生不息，青科乡梦”项目搭建全新的实践平台，真正实现在共享中共建。本项目由学院辅导员张雅琪老师带队指导，王宇婷、申澜懿、王嘉昊、朱思雨、王孟鑫、李逊、胡博航、周子琦、瞿伟琪、任美如、王世明、谢承程、刘涵奇、蒋昕睿十四名学生积极参与此次活动，奋楫笃行，扎根基层，燃起青春力量、展示青春风采，助力乡村振兴。

学院高度重视本次活动,鼓励学生积极参与。通过活动引导学生树立认真求学、敢于实践、乐于探索的思想;丰富学生的校园生活,助力学生对所学知识有真正深入的体悟;激发学生对所学专业的热爱,继续传承和发扬党员顽强拼搏、艰苦奋斗的精神。当代中国青年生逢其时,施展才干的舞台无比广阔,实现梦想的前景无比光明,让青春在助力乡村振兴实践中绽放绚丽之花。

在“三下乡”社会实践活动征程中,志愿者们在乡村振兴的大舞台上一展宏图、擦亮青春底色,在拼搏中攻坚克难。生逢盛世,肩负重任。“星星之火可以燎原”,“三下乡”社会实践活动已经告一段落,但青年的故事未完待续,生命科学与技术学院三下乡“志愿服务”脚步不会停止,将继续传承志愿服务精神,不断为乡村振兴赋能。

参考文献

[1] 王能引. 红色文化融入高校思想政治教育的价值和路径探索[J]. 甘肃教育研究,2023(10):48-51.

[2] 初丹,黄柳英. 以红色文化提升高校思想政治教育话语权研究[J]. 中关村,2022(11):104-105.

[3] 沈成飞,连文妹. 论红色文化的内涵、特征及其当代价值[J]. 教学与研究,2018(1):97-104.

[4] 刘晓云. 牡丹江:旅发大会为红色资源注入新活力[N]. 黑龙江日报,2021-07-28(1).

[5] 刘锦诺,杨丽. 新时代美育以美培元的实践路径探析[J]. 教育科学研究,2022(6):25-31.

[6] 刘锦诺,杨丽. 向美而生——新时代美育培养全面发展的美好人格[J]. 中国教育学刊,2021(5):59-63.

[7] 李珂. 用劳模精神激励当代大学生做新时代的奋斗者[J]. 中国高等教育,2018(11):51-53.

[8] 梁广东,赵爽. 新时代劳动精神融入思想政治教育的内涵要义与实践理路[J]. 劳动哲学研究,2021(2):160-168.

[9] 唐芊尔,王夏雯. 五育并举,将促进心理健康贯穿育人全过程[N]. 光明日报,2024-03-12(13).

[10] 李鑫洁,裴秀芳. 新时代大学生积极心理品质的培育研究[J]. 现代职业教育,2023(27):21-24.

[11] 李玮,林伯海. 新时代中国志愿精神的内涵特点与培育践行[J]. 学习与实践,2018(10):135-140.

[12] 徐文. 探究陕西大学生志愿精神培育问题研究[J]. 大众标准化,2021(9):194-196.